本书列入"十一五"国家重点图书出版规划

北大高等教育文库
·学术规范与研究方法丛书·

DOING YOUR RESEARCH PROJECT
(FOURTH EDITION)

社会科学研究的基本规则
（第四版）

［英］朱迪思·贝尔 著
马经标 主译
乔鹤 王华玲 姚玉梅 贾静 参译

著作权合同登记号　图字：01-2007-2816
图书在版编目(CIP)数据

社会科学研究的基本规则. 第四版/(英)贝尔(Bell, J.)著；马经标主译. —北京：北京大学出版社,2013.9
(北大高等教育文库·学术规范与研究方法丛书)
ISBN 978-7-301-23026-8

Ⅰ. 社…　Ⅱ. ①贝…②马…　Ⅲ. 社会科学－研究方法－教材　Ⅳ. C3

中国版本图书馆 CIP 数据核字(2013)第 187137 号

Judith Bell
Doing Your Research Project
A guide for first time researchers in education, health and social science
ISBN: 0-335-20388-4
Copyright © Judith Bell, 2002
All rights reserved. Except for the quotation of short passages for the purpose of criticism and review, no part of this publication may be reproduced, stored in a retrieval system, or transmitted, in any form or by any means, electronic, mechanical, photocopying, recording or otherwise, without the prior written permission of the publisher or a licence from the Copyright Licensing Agency Limited. Details of such licences (for reprographic reproduction) may be obtained from the Copyright Licensing Agency Ltd of 90 Tottenham Court Road, London, WIP 0LP.
Simplified Chinese translation edition jointly published by McGraw-Hill Education (Asia) Co. and PEKING UNIVERSITY PRESS.
本书中文简体字翻译版由北京大学出版社和美国麦格劳-希尔教育（亚洲）出版公司合作出版。未经出版者预先书面许可，不得以任何方式复制或抄袭本书的任何部分。
本书封面贴有 McGraw-Hill 公司防伪标签，无标签者不得销售。

书　　名：	社会科学研究的基本规则（第四版）
著作责任者：	[英]朱迪思·贝尔　著　马经标　主译
丛 书 策 划：	周雁翎　姚成龙　丛书主持：周志刚
责 任 编 辑：	刘军
标 准 书 号：	ISBN 978-7-301-23026-8/C · 0930
出 版 发 行：	北京大学出版社
地　　　址：	北京市海淀区成府路 205 号　100871
网　　　址：	http://www.pup.cn　新浪官方微博：@北京大学出版社
电 子 信 箱：	zyl@pup.pku.edu.cn
电　　　话：	邮购部 62752015　发行部 62750672　编辑部 62767346
	出版部 62754962
印 刷 者：	三河市北燕印装有限公司
	650 毫米×980 毫米　16 开本　16 印张　220 千字
	2013 年 9 月第 1 版　2019 年 12 月第 3 次印刷
定　　　价：	42.00 元

未经许可，不得以任何方式复制或抄袭本书之部分或全部内容。
版权所有，侵权必究
举报电话：010-62752024　电子信箱：fd@pup.pku.edu.cn

第四版前言

在英国的大学及外国的大学向本科生与研究生讲授研究方法，积累了经验；为开放大学和设菲尔德大学编写远程学习材料，这都为本书第一版的编写作了准备。如今，市场上有许多关于研究方法的好书，但是在那时，我找不到一本彻底涵盖研究设计所包括的基本原理、易于阅读且没有对学生以前的研究知识作出假定的书。《社会科学研究的基本规则》（*Doing Your Research Project*，直译为《做你的研究项目》。——译者注），希望能增强人们的自信心，为初学研究者提供必要的技巧和技术，从而使他们能继续前进，承担更复杂的任务和进行更复杂的阅读。有人告诉我，现在本书已经是许多大学生和研究生课程的指定用书。

虽然在第一版中叙述的所有技术和程序都经过了严格的提炼和试验，但是总有一些方法能把事情做得更好。有时，在研究方法讨论会上完成的一些程序、技术以及教学和管理学生的经验，提出了可供选择的方法和提供附加材料的愿望。在1993年的第二版、1999年的第三版中插入了这些内容，而现在的第四版已经有必要进一步改动了。

当第一版在1987年出版的时候，只有相对少数学生熟悉信息技术（IT），而且只有最先进的图书馆才提供进入计算机搜索的途径。在第二版和第三版出版的时候，时代已经改变了，有必要以新的方法进入图书馆，采用新的搜索技术定位已出版的材料、更新计算机数据库和因特网。这一版本中其他变化包括：

在更广泛的学科范围内举了更多的例子,添加了清单和补充阅读。本版的所有章节都经过了更新和重写,还增添了一些新的章节,像道德规范研究、文献检索和文献综述等。然而,本书的基本结构与第一、第二、第三版还是一致的。

朱迪思·贝尔

致　　谢

在准备本书的四个版本期间,我得到了对本书感兴趣的同事和朋友们的帮助,是他们在艰难的时刻给了我强有力的支持。我尤其感谢安·汉森(Ann Hanson)博士和其他朋友以及开放大学以前的学生,感谢威廉·霍夫(William Hoff)教授(他是曼彻斯特大学科学技术学院的退休教授),感谢克莱夫·奥佩(Clive Opie)博士(曼彻斯特城市大学北部教育学院的代理院长),他们都阅读了第四版的草稿,并给出了修改建议和意见。他们给了我极大的帮助。

非常欢迎做研究的学生给我的意见,这些学生友好地(而且有时非常高兴地)指出他们发现了比我在前三版中建议的更好的方法。我很高兴把他们的建议加入本书中。

我还得感谢迈克尔·扬曼(Michael Youngman,以前在诺丁汉大学),在第8章里他设计了问题类型,这对于很多做研究的学生而言,可以减轻他们早期设计问卷并解释其结果的负担。他总是慷慨给予的支持和帮助使很多刻苦努力的博士生,也包括我,明白了在完全放弃和最终完成之间有着怎样的不同。我也要感谢布伦丹·达菲(Brendan Duffy)和斯蒂芬·沃特斯(Stephen Waters),他们是开放大学两位杰出的做研究的学生,他们在自己的学院里完成了教育管理方面的研究,在这个过程中,取得了研究方法的专门研究的重要进展。他们两人慷慨地允许我采用他们的观点和经验。布伦丹在从事教育管理研究之前已经获得了历史学博士学位,在以前的版本中编写了"档案证据分析"一章,在本版第7章中,他进行了扩充和更新。

我也感谢克拉拉·奈(Clara Nai)和吉尔伯特·范(Gilbert Fan),他们是设菲尔德大学新加坡籍以前的研究生,他们很友好地允许我在第6章引用他们教育硕士论文的部分文献综述。还有约翰·理查森(John Richardson)和艾伦·伍德利(Alan Woodley),他们都来自英国开放大学,他们允许我引用他们的期刊文章《重新审视性别、年龄和研究对象的作用以预测高等教育领域的学术成就》(Another Look at the Role of Age, Gender and Subject as Predictors of Academic Attainment in Higher Education)。也感谢西澳大利亚埃迪斯科文大学(Edith Cowan University)的珍妮特·格雷(Janette Gray),她为第1章叙述性调查研究的部分提供了素材。她对这一方法的热忱和掌握的知识不仅促使我进一步阅读,而且开始理解叙述性调查包括了些什么。同样感谢凯蒂·霍恩(Katie Horne),她曾经是位初学研究者,现在已经是个专业研究者了,在第5章里关于如何网上检索她写了精炼的十条指导原则。

在进入很多小型的不常对外开放的专业图书馆方面,朋友和同事的安排给了我很大的帮助。我的朋友琳达·米林(Linda Mealing),是个护士也是初次研究者,她亲切地将我介绍给图书馆管理员和在斯托克波特(Stockport)的圣安宁养院(St Ann's Hospice)的研究主管,让我见识了正在进行的姑息治疗研究领域。也谢谢其他专门图书馆的管理员,虽然我没有借书卡,他们还允许我查阅他们的图书目录和书架上的期刊。我也不总是如此幸运,因此对个别拒绝我进入的图书馆管理员就不谢了。这,我们也只能提出要求。

弗雷德·贝尔(Fred Bell)尽他最大的努力帮我选了一台新电脑,这给了我意想不到的、没完没了的"困难"。他阅读了所有的手稿,关注排版和别的错误,头痛于在他看来过于简单化的地方——这是我经常忽视的。他通常一如既往地指出我的这些问题。

最后,我应该感谢两位涉入《社会科学研究的基本规则》所有版本中的人,即克里斯·马登(Chris Madden)——他是设计了每版封面迷宫的艺术家——和肖纳·马伦(Shona Mullen)——她是开放大学出版社的前发行主管,她非常有耐心而且脾气很好地关注我走过每个版本的出版。经过这些年,我们已经成为好朋友,但有点自私地说,很遗憾她那麦格劳希尔总经理的新职位,意味着今后的出版中我们不能直接联系了。

克里斯·马登跟我从未见过面,但我很高兴跟这样的艺术家合作,他有着跟我一样不可思议的幽默感,而且能把那些想法付诸实践。在第一版的封面设计中他就有了最初的迷宫的想法,在接下来的三版里这种迷宫主题的进一步发展,这些年里给了我许多乐趣(我也希望他如此),每当我们有了一些新想法要把那些心烦意乱的研究者的例子收录。这些研究者正走入死胡同,正失去耐性,对于他们当初究竟怎么会开始那项研究产生怀疑。在第三版里,我尤其喜欢学生踢电脑的形象。我自己也已经想那样做了,尤其是最近。然而,总体的形象是学生设法通过了迷宫,克服了所有研究者经历的种种困难,穿上了学位服,高举着毕业证书,将他们的学位帽抛到空中,兴奋异常地离开,等待他们的是更多更好的研究。

真诚地感谢你们所有人!

目　录

第四版前言 ·· （Ⅰ）
致谢 ··· （Ⅲ）
导言 ··· （1）
第一部分　确定讨论的范围 ···························· （3）
 1 研究方法 ·· （5）
  实践研究和实践研究者的角色 ················ （6）
  个案研究 ······································ （7）
  调查 ·· （10）
  实验类型 ······································ （11）
  人种志及人种志研究 ·························· （13）
  扎根理论方法 ································· （14）
  叙述性调查及故事 ···························· （17）
  哪一种方法？ ································· （20）
  补充阅读 ······································ （20）

2 安排项目 (24)
选题 (24)
着手研究 (25)
假设、目标及可研究的问题 (28)
研究题目与项目提纲 (29)
时间安排 (30)
指导 (31)
学生和导师的关系 (32)
指导实施规则 (33)
更换导师 (33)
保存指导记录 (34)
研究经验 (34)
安排项目清单 (35)
补充阅读 (36)

3 研究的道德规范和诚信 (38)
研究合同、实践规则、行为标准及
　知情同意的原则 (38)
道德委员会 (41)
保密和匿名 (42)
实践中的道德研究与"内部"研究的问题 (44)
与知识产权/所有权相关的道德行为规则 (48)
研究的道德规范和诚信清单 (49)
补充阅读 (50)

4 阅读、参考文献和信息管理 (53)
阅读 (53)
做笔记并提防剽窃 (54)
参考资料 (56)

创建、编辑并电子保存参考文献 …………………（60）
　　信息管理 ……………………………………………（63）
　　太小题大做啦？ ……………………………………（65）
　　阅读、参考文献和信息管理清单 …………………（66）
　　补充阅读 ……………………………………………（67）
5 **文献检索** ……………………………………………（69）
　　在图书馆的检索 ……………………………………（69）
　　电脑检索文献 ………………………………………（72）
　　设计检索策略 ………………………………………（74）
　　对证据的批判性检验 ………………………………（78）
　　总结 …………………………………………………（78）
　　上网检索的十大指南 ………………………………（79）
　　电子信息资源 ………………………………………（81）
　　数据库、书和期刊文章（及少量其他资源）………（82）
　　图书馆 ………………………………………………（84）
　　引用和参考文献 ……………………………………（85）
　　健康和道德 …………………………………………（86）
6 **文献综述** ……………………………………………（88）
　　批判性的文献综述 …………………………………（88）
　　理论及理论（或概念）框架 …………………………（90）
　　实践中的"批判性综述" ……………………………（92）
　　重述综述 ……………………………………………（97）
　　谨记！ ………………………………………………（97）
　　文献综述清单 ………………………………………（98）
　　补充阅读 ……………………………………………（99）

第二部分　选择数据采集方法 ……………………（101）

引言 ……………………………………………………（103）
条件限制 ………………………………………………（103）
可靠性和效度 …………………………………………（104）
是否考虑电脑数据分析？ ……………………………（106）
是否不考虑电脑数据分析？ …………………………（107）
提醒 ……………………………………………………（107）
补充阅读 ………………………………………………（108）

7　档案证据分析 ……………………………………（109）
档案处理方法 …………………………………………（109）
档案的位置 ……………………………………………（110）
档案证据的性质 ………………………………………（111）
档案的选择 ……………………………………………（114）
内容分析 ………………………………………………（114）
批判性的档案分析 ……………………………………（115）
事实还是偏见？ ………………………………………（118）
档案证据分析清单 ……………………………………（119）

8　设计和实施问卷 …………………………………（121）
你需要确切地弄清什么？ ……………………………（122）
问题类型 ………………………………………………（122）
问题措辞 ………………………………………………（123）
外观和版面 ……………………………………………（128）
抽样 ……………………………………………………（129）
试点实施问卷 …………………………………………（131）
发放和回收问卷 ………………………………………（132）
无应答 …………………………………………………（133）

	数据分析 ……………………………………	(133)
	设计和实施问卷清单 ………………………	(134)
	补充阅读 ……………………………………	(136)
9	筹划并实施访谈 …………………………………	(138)
	访谈的道德规范 ……………………………	(138)
	访谈的利与弊 ………………………………	(139)
	问题措辞 ……………………………………	(140)
	访谈计划 ……………………………………	(140)
	非结构性访谈 ………………………………	(142)
	群组访谈和焦点群组 ………………………	(143)
	访谈录音 ……………………………………	(145)
	偏见——夙敌 ………………………………	(146)
	谨记！ ………………………………………	(148)
	筹划并实施访谈清单 ………………………	(149)
	补充阅读 ……………………………………	(151)
10	日志、记录及重要事件 …………………………	(153)
	日志—访谈法 ………………………………	(154)
	日志的多样化使用与设计 …………………	(155)
	个人研究日志 ………………………………	(159)
	采用日志法的道德规范 ……………………	(160)
	日志、记录及重要事件清单 ………………	(160)
	补充阅读 ……………………………………	(161)
11	观察研究 …………………………………………	(163)
	非结构性观察 ………………………………	(164)
	参与式观察 …………………………………	(165)
	结构性观察及保存记录 ……………………	(166)
	记录行为 ……………………………………	(168)

　　　　内容 …………………………………………… (170)
　　　　简短的再次提醒 ……………………………… (171)
　　　　观察之后 ……………………………………… (172)
　　　　观察研究清单 ………………………………… (172)
　　　　补充阅读 ……………………………………… (173)

第三部分　解释证据并汇报发现 ……………………… (175)
　　引言 ………………………………………………… (177)
　　12　解释证据并汇报发现 ………………………… (179)
　　　　列表型问题 …………………………………… (180)
　　　　数量型及类别型问题 ………………………… (182)
　　　　网格 …………………………………………… (190)
　　　　量表 …………………………………………… (192)
　　　　文字型问题 …………………………………… (198)
　　　　总结 …………………………………………… (198)
　　　　解释证据并汇报发现清单 …………………… (199)
　　　　补充阅读 ……………………………………… (200)
　　13　撰写报告 ……………………………………… (203)
　　　　开始 …………………………………………… (203)
　　　　建构报告 ……………………………………… (205)
　　　　修订的必要性 ………………………………… (211)
　　　　有剽窃的可能吗？ …………………………… (213)
　　　　评估你自己的研究 …………………………… (213)
　　　　撰写报告清单 ………………………………… (215)
　　　　补充阅读 ……………………………………… (216)

后记 ……………………………………………………… (218)
参考文献 ………………………………………………… (220)
英汉译名对照 …………………………………………… (230)

导　言

　　本书是为那些将要从事与其工作相关研究的人,或者说是应大学、学位或研究生课程的要求而编写的。

　　不管论题或学科如何,无论你正在进行的是一个小项目还是硕士或博士学位论文,你面对的问题大致相同。你必须确定选题、确定研究目的、安排和设计一套适当的方法、设计研究工具、商议进入公共机构、获得材料、接触人员的方法,收集、分析并呈现信息,最后精心撰写研究报告。无论从事的研究规模如何,必须掌握的技术、制定的行动计划都不能凌驾于专业知识及允许的时间和方法之上。大规模的研究项目通常需要复杂的技术以及统计和计算机方面的专业知识,但是不使用计算机,仅利用最低限度的统计知识也可能做出有价值的研究。我们都通过实际做研究来学习怎样做研究,但是准备不充分的话会浪费大量的时间,并且使你的良好意愿消耗殆尽。本书旨在为你提供做研究的工具,帮助你避免一些隐患和那些浪费时间的错误延宕,帮助你养成良好的研究习惯,并且使你通过选题阶段,最后准时写出安排合理的、方法可行的、精心撰写的总结报告或论文。如果你无法提交报告,那么做这所有的工作终究都没有意义。尽管我意识到不是每个人都了解"研究"、"调查"、"探究"和

"学习"这些术语,但在本书中,我还是从头到尾都交替地使用了这些术语。有些人坚持"研究"是更严格、更专业的一种形式更复杂的调查。霍华德(Howard)和夏普(Sharp)在《对学生研究项目的管理》(*The Management of a Student Research Project*)一书中讨论了这个问题:

> 大多数人把"研究"一词与那些从日常生活中提取的重要活动和被杰出的天才所追求的不寻常的活动联系起来。当然这种观点有很多事实可以证明,但是我们认为这种追求并不限于此类人,而且事实证明对于许多经过专门训练、爱探究的人来说,这种追求是一种激励性的并且令人满意的经历。
>
> (Howard and Sharp, 1983:6)

他们把研究定义为"一种通过发现不同寻常的事实和洞察力,来增加一个人自身的知识,如果顺利的话,也增加他人知识的有条不紊的探索过程"(p.6)。

德鲁(Drew,1980)不但同意"进行研究可以解决问题并扩展知识"(p.4)的观点,而且强调"研究是一种提出问题的系统方式,是一种进行探究的系统方法"(p.8)。在进行研究的时候,它是一种重要的系统方法,而不是"研究"、"调查"、"探究"和"学习"这样的名称。在与收集数据有关的地方(访谈记录、调查问卷反馈、论文、官方报告、会议备忘录等),都必须按顺序保存记录和作出全面的安排。

没有任何书能替代一个优秀的导师,但是优秀的导师需求量很大。如果你熟悉基本的方法和技术,那么你就能把你的个别指导时间充分利用在最需要考虑的问题上。

下列章节给出的例子尤其与必须在两个或三个月完成的项目(就是我所谓的"100个小时的项目")有关。但是许多教育硕士、哲学硕士和哲学博士研究生发现它们同样有用,了解到这一点,我非常高兴。

第一部分

确定讨论的范围

1 研究方法

尚未详细了解各种研究方法或研究模式的情况下，完全有可能进行一个有价值的调查，但是不同方法的研究能使你洞察安排一项调查的不同方式，同时也会提高你对文献的理解。一个了解和阅读研究报告的难题是术语。研究者使用的术语和偶尔使用的行话，其他人可能不能理解。在任何领域中都有这种情况：一种专门的语言在专业人员中发展成为便于交流的信息。因此，在考虑安排和进入调查的各个阶段之前，考虑一下某些已经确定的并且适合研究报告模式的主要特征，可能对你会有所帮助。

不同的模式、惯例或途径需要采用不同的方法收集数据，但是任何方法都不规定也不排斥任何特殊的方法。定量研究者收集事实并且研究一组事实与另一组事实之间的关系。如果可能，他们会采用那些可能产生定量的、概括的结论的技术。采用定性观点的研究者更关注于理解个体对世界的领悟力。他们追求的是洞察力而不是对世界的统计分析。他们不但怀疑是否存在社会"事实"，而且怀疑当处理人类的问题时，能否采用"科学"的方法。但是，定性研究者偶尔也采用定量技术，反之亦然。

把方法分为定量或定性、人种学、调查、实践研究或任何种类,并不意味着研究者一旦选择了一种方法,就离不开通常与这一类型相联系的方法。每种方法都有其优缺点,而且每一种方法都特别适用于一个特定的环境。采用的方法和选择的数据收集方法将取决于调查研究的特征和所需的信息类型。

在有限的几页内适当处理任何已经确定的研究模式是不可能的,但是以下内容至少能为你提供进一步阅读的基础,而且可能给你提供一些关于你希望在自己的调查中采用何种方法的主意。

实践研究和实践研究者的角色

当"在一个特殊的情境中特殊的问题要求特殊的知识时,或者当把一个新的方法嫁接到一个既存的系统中时",在任何背景中,实践研究都是适用的(Cohen and Manion,1994:194)。它不是一种方法或技术。和所有的研究一样,信息收集方法的选择取决于所需信息的特征。它是一种应用研究,由确定有变革或革新需要的从业者(有时有校外资助,有时没有)来完成。其目的是"为解决问题或通过改变角色和运行程序来提升组织和个人的绩效,进行诸如此类的优秀实践而得出建议和意见"(Denscombe,2002:27)。

洛马克斯(Lomax,2002:124)就研究的目的、焦点、关系、方法和有效性等题目对实践研究提出了一系列有用的问题。就"目的"这个题目,她问道:

- 我能提升自己的实践从而使之更有效吗?
- 我能提高对实践的认识并使之更合理吗?
- 我能通过自己的知识和影响来改变现状吗?

就"方法"这个题目,她问到实践研究者能否收集到"精确的数据"从而为自己的实践主张提供充分的证明。类似这些问题都可以作为实践研究的起点,但当调查结束所有的参与者都来评价研究结果时，这项工作依然没有完成。参与者需继续调查、评价和改进实践。这时的研究涉及到一种"反馈环，在这里最初的发现产生变革的可能性，这是进一步研究和进行评价的前奏"（Denscombe,1998：58）。它暗示了"一个持续的研究过程"和"根据对完成的实践的理解，及完成实践中产生的理想变化来决定工作价值"（Brown and McIntyre,1981：245）。

关于从业者作为研究者工作，并没有什么新内容，但在所有的权威调查中，如果坚决拥护的观点和有些参与者的实践受到了挑战，就会产生困难；同样，如果研究证明在特定过程中必将出现激进变革，也会产生困难。登斯库姆（Denscombe）提醒我们：

> 由于实践研究总是不可避免地影响到其他人，因此对于何时何地研究应跨越只收集与个人和从业者相关数据的界限应有个清晰的想法，这点非常重要。在这样做时，必须遵循惯常的道德标准：获得允许、承诺保密、身份保护。
>
> （Denscombe,1998：63）

同样的，甚至也许更重要的一点就是在研究开始以前，参与其中的每个人都必须明白为什么要进行研究，谁将看到最后的研究报告，以及谁对研究过程中任何必要的变化负责。

个 案 研 究

如果你在做一个三个月期限的 100 小时的项目，个案研究方法就个体研究者而言是种尤其适合的方法，因为在某种程度上它为研究问题的某一方面提供了机会。当然，不是所有的个案研究都得在三个月甚至三年完成。例如，科曼和格伦纳斯特（Korman and Glennerster,1990）对导致一所庞大的精神病医院关闭的原因研究就用了七年半的时间才完成。不幸的是，在你成为所在医院、地方当局、大学或政府部门的研究主管，有个职位可以使你为这项事业负责并获得资金之前，你都必须等待，在这段时间里对于个案研究题目的选择得现实一些。尹(Yin)提醒我们:"个案研究是关于决策、计划、执行过程及组织变革的。对这些类型的题目要当心——没有一项是在个案研究的一开始或结尾就能很容易界定的。"他还说:"一项研究包含的特定主题越多,它就越容易受到合理的限制。"(Yin,1994:137)这些都是很好的建议,值得遵循。

个案研究是为了探究及充实材料。它可以先于某项调查,作为鉴定值得进一步研究借鉴的主要成果的手段,但它主要还是独立进行的研究。研究者界定某一"事物",它可能是对一种新的工作方式的介绍,可能是某个组织适应一个新角色的方式,或者是某机构的革新或发展的某个阶段。这里需要系统地收集证据,研究变量之间的关系(特征或属性变量),并且系统地安排研究。虽然在个案研究中最常采用观察和访谈,但是不排斥其他方法。

所有的组织和个人都有着相同和独特的特性,个案研究旨在识别这些特性,并且识别或试图识别不同的相互作用过程。这些过程可能仍然隐藏于某一大范围的调查中,但是这些过程对于系统或组织的成功和失败是至关重要的。

对个案研究的批判

对个案研究方法的批判引起了人们对很多问题和(或)缺陷的关注。比如,有人质疑研究单一事件的价值,认为这里的研究者很难对信息进行反复核对。其他问题则表明了对于选择性汇报和对曲解研究结果的担忧。主要的担心是认为归纳概括并不总是可行的,虽然登斯库姆(Denscombe,1998:36—37)指出:"从个案研究中概括出的调查结果应用于其他例子的程度,取决于个案研究例子和其他类型例子的相似程度。"然后他用一所小规模的小学作为个案研究的例子,提出:

> 这意味着研究者必须得到代表小学重要特征的一般数据(服务范围、学生的种族本源和全体教职人员的更替数

量),然后证明个案研究的例子适应于有关的总的情境。

(1998:37)

1981年,在追求概括性和研究单一事件的相关价值的文章中,贝西(Bassey)更愿意使用"适应性(relatability)",而不是"概括性(generalizability)"这个术语。在他看来,

> 判断个案研究价值的一个重要标准是,细节对于在相似情境下工作的教师的充分和适当程度,该情境与个案研究中描述的他作出的决定有关。个案研究的适应性比它的概括性更重要。

(Bassey,1981:85)

他认为:

> 如果系统地、批判性地进行个案研究,如果这样做旨在改进教育,如果是适应现实的,如果由于发表的调查结果扩展了现有知识,那么它们就是教育研究的正确形式。

(p.86)

1999年在一篇关于教育中的个案研究的文章中,他修改或者说是补充了1981年的观点。他回想道:

> 以前,对于概括的概念(经验主义的那种)的陈述,我总认为是绝对正确的。这是自然科学家们对这个词的理解。它也是科学方法概念的基础……如果能经受得住各种反驳意见的话,就只有假设可以跟概括(或规律)抗争。我认为(在这种绝对化的理解中)只有很少是关于教育的概括总结——并且对有经验的教师有用的更少。

(Bassey,1999:12)

他解释说自己仍然坚持在科学概括(绝对的那种)的范围内进行考虑的观点,但现在承认有两种概括可以被应用于社会科学研究,它们分别是统计性概括和"模糊性"概括:

> 统计性概括源于人口抽样的典型主张,即在样本中发现的百分之 x 或百分之 y 的可能,也可能在整个人口中发现;这是定量研究方法。模糊性概括源于对单一性事件进行研究的典型主张,即单一性事件在别的相似情境下发生是不确定的,或可能的,或不可能的;这是定性研究方法。
>
> (p. 12)

毫无疑问,个案研究的正、反面在将来也会像过去一样备受争议。研究者需要对这些批评保持警惕,但就像我在这部分的一开始所说的,个案研究对于个体研究者而言是个不错的方法,因为它为对问题的某方面进行某种深度的研究提供了机会和可能。你只需决定它是否适合于你的研究目的。

调　　查

对"调查"进行清晰、简短、精炼的概括固然很好,但正如奥尔德雷奇和里文(Aldridge and Levine,2001:5)所说:"每一项调查都是独一无二的。因此,列出该做什么和不该做什么也太僵化了。一项调查采用的方案也许并不能用于另一项调查。"莫泽和卡尔顿(Moser and Kalton,1971:1)认为对社会调查下直接的定义也很好,但又解释道:"由于与此相关的术语和方法将被用于更宽泛的调查和研究,因此这样的定义应足够概括以至于不应包含调查目的在内……"接着他们继续举了调查中包含的例子:

> 一项调查也许简单地满足了公共生活某方面的管理问题的需要;也许是为了对某种因果关系进行探究,或者为了研究说明社会学理论某方面的问题而设计的。当涉及主题时,所有人都会说调查关心的是人口统计学的显著特征、社会环境、某些人群的行为或观点和态度。
>
> (Moser and Kalton,1971:1)

人口普查是一个选择总体人口进行调查的例子(总体是被选个体的组或范畴),在这个调查中总是询问相同的问题。人口普查旨在包括100%总体,但是大多数调查没有这么远大的目标。在大多数案例中,调查的目的是从一个有代表性的人口选择中获取信息,从样本中获得的发现对于总体而言是有代表性的。在调查方法中不可避免地存在问题。你必须格外谨慎,从而保证样本人口真的有代表性。在一个非常简单的层次上,这就意味着如果总人口有1000名男人和50名女人,那么就要保证选择了相同的男女比例。但是这个例子非常简单地说明了选取一个有代表性样本的方法过于简化了。如果你决定要进行一个调查,你必须考虑在样本中需要代表总体人口的什么特征,使你能相当自信地说你的样本相当有代表性。

在调查中,尽可能在同样的环境中对所有的应答者提同样的问题。问题的措辞并不像看起来的那么简单,谨慎的引导对于保证全部问题对所有应答者意思相同是必要的。可以通过自己填充问卷(例如在人口普查的案例中)或者由访谈者采集信息。无论选择哪一种采集信息的方法,目的都是从大量的个体那里得到相同问题的答案,使研究者不但能够描述而且能进行比较,使研究者能把一个特征和另一个特征联系起来并且证明某特征存在于某范畴中。

调查能够回答像为何、何处、何时和如何之类的问题,但是回答"为何"这个问题就不那么简单了。用调查法证明因果关系,如果有的话也非常罕见。调查主要的重点是寻求事实,如果一个调查被精心地组织、谨慎地引导,那么这个调查就会是一个相当容易并且能快速获得信息的好方法。

实 验 类 型

安排处理可测量现象的实验相对简单。例如,已有一些实验,建立一个可控制组(不用牙膏)和一个实验组(用牙膏),以此方式测量氟化牙膏对龋齿的效应。在这样的实验中,给在年龄、性别、社会阶层及其他方面相匹配的两个组作测前牙齿检查,并且指导他们用哪一种牙膏。一年之后,给这两个组作测后牙齿检查,然后得出氟化牙膏的有效性或其他的结论。这种实验的规则是,如果选择两个相同的组,给一个组(实验组)实施特殊处理,但是不给另一个组(控制组)实施特殊处理,那么实验最后两个组之间的任何差异都可能归因于处理的差异。一个因果关系就这样建立起来了。对于检验龋齿的程度,该实验可能相当简单(即使在该实验中,龋齿的程度是由许多实验不能控制的因素造成的),但是检验行为中的变化,就是另外一回事了。正如威尔逊(Wilson,1979)指出的那样,社会原因不是单独起作用的。任何低学生成绩或高 IQ 的考试都是多种原因的结果:

> 每分离一个原因就需要一个新的实验组,而且实验所需的时间和难度都会迅速增加。有可能进行一种实验,在该实验中,同时实施几个处理,但是必须有许多组可以利用,而不是只有两个组……社会现象的原因通常有多种,用研究这些原因的实验需要许多人,通常要很长时间。该要求限制了实验方法的实用性。
>
> (Wilson,1979:22)

因此,如果实验设计是合理的,就可以从实验中得出因果结论。但是,一般地,如果要控制人的行为中所包括的多种差异性和模糊性,那么就需要大群体。组织这种大范围的实验费用高,而且要花更多的时间,这是从事 100 小时项目的多数学生无法付出的。一些只需要几个小时的试验(例如,测验短期记忆或知觉)可能也会非常有效,但是认定因果关系时,需要非常谨慎以保证已经考虑到了所有可能的原因。

这里值得注意的是实验型研究可能会涉及道德规范问题。研究者必须从相关组织或团体的领导、参与者自己那里获得研究许可。所有涉及的这些都必须在完全知情的基础上进行。提议需要得到道德委员会和/或研究委员会的支持,以保证研究对象不会受到伤害。尤其是如果涉及孩子参与时,必须获得孩子家长的许可。

科恩(Cohen)等尤其反对"操纵"人类行为的原则。他们写道：

> 对变量进行分离和控制以建立因果关系的观念也许适用于实验室研究,然而事实上,社会情境是否能变成实验室里绝对客观、人造的世界,或者是否应该变成这样的世界,既是经验主义的也是道德问题……更进一步讲,将人类看成是可操纵的、可控制的甚至无生命的这种道德困境值得深思。
>
> (Cohen *et al.*,2000：212)

的确如此,尽管无论什么背景,研究都应该考虑到道德问题。如果你决定进行一项实验性研究,寻求建议,并需考虑暗含因素和要求——那就对因果关系的主张要谨慎。

人种志及人种志研究

布鲁尔(Brewer)将人种志定义为：

> 对在自发产生的事件背景下或范围内的人,通过采集数据的方法进行研究,这样可了解他们的社会意义和日常活动,这包括研究者直接参与这背景——如果没有参与活动的话——这是为了系统地采集数据,但没有强加给他们的外部意义。
>
> (Brewer,2000：6)

人种志研究者试图理解文化的运作机制,正如卢茨(Lutz)所说,很多方法和技术在这种研究中都用到了：

> 像参与者的观察、访谈、绘图及制表、互动分析、对历史记录和当今公共文件的研究、人口统计学数据的使用等。某一完整的事件在社会和环境的互相影响下有规律地发

生，人种志着重于在这种情况下参与者对社会或文化的观察。

(Lutz，1986：108)

参与式观察使得研究者尽可能分享与研究对象相同的经验、使其理解为什么以他们的方式采取行动，以及"使他们像所涉及的人那样看事物"(Denscombe,1998：69)。然而，这样是很耗时的，经常超出了100小时项目或者时间固定的硕士学业所许可的范围。研究者需要被研究对象（个人或群体）所接受，这就可能意味着要长期跟他们做相同的工作，或者生活在同样的环境和境遇中。

时间不是这种方法的唯一问题。就像在个案研究中，代表性是个值得注意的问题。如果研究者在一整段时期深入研究某一个组，谁能说这一组就是其他有着相同资格的组的代表？一家医院（或者甚至某一专门领域）的护士是该国其他地区的类似医院或专门领域护士的必然代表吗？某一类组织的餐饮工人是所有餐饮工人的典型代表吗？归纳也可能是一个问题，但在个案研究方法中，如果研究组织和进行得很好，且没有提出不能被证实的主张，那么研究很可能以某种方式联系起来，这种方式可以使相似组的成员看清问题，并且可能使他们找到解决自己组类似问题的方法。

扎根理论方法

对定性数据进行分析的扎根理论方法，是格拉泽(Glaser)和施特劳斯(Strauss)于20世纪60年代在一次对于医护人员处理死亡病人的方式的田野观察的课程(1965,1968)中提出来的。那么，它涉及了哪些内容？施特劳斯(1987)告诉我们：

作为分析定性数据方法论延伸的扎根理论方法是一种理论的延伸，它不需要任何特殊的数据资料、研究方法或理论兴趣。因此，它并不真的是一种方法或技术。说它是一种分析定性数据的方式更合适些,该方式具有很多明显特征(如理论性抽样),特定的方法论指导(像持续比较),以及编码范式的使用等,以确保概念的形成及其严密性。

(Strauss,1987:5)

他将理论性抽样定义为:

> 由进化的理论指导的抽样,是对特定事件、偶发事件、活动、人口等进行的抽样。它还可以对在那些活动、人口等的抽样之间进行比较产生动力。

(p.21)

这种理论不是预定的。它是在研究进行中出现的(因此为"理论性"抽样)。

多年来,对于20世纪60年代最初的扎根理论已经有所修正,但理论在通过数据分析进行实际研究的进化过程中所形成的原则大体上还是一致的。

潘趣(Punch)认为:

> 扎根理论最应被界定为一种研究策略,其目的是从数据中总结理论。"扎根"意味着理论必须是在数据的基础上总结得来的,因此,理论是基于数据的。"理论"意味着收集和分析研究数据的目的是为了得出理论。扎根理论最基本的一点就是理论是从数据中归纳得出的。

(Punch,1998:163)

第一眼看上去这样的定义似乎已经足够直接了,但正如海斯(Hayes)所解释:

> 进行扎根理论研究并不仅仅是收集数据并从中得出理论的过程。相反,它是研究者需要的一种可重复的过程——也就是说,这是一种在数据中产生或发现理论的洞察力,又在它们对其他部分数据的理解中获得检验,而其他数据又产生自己的理论性洞见,这些洞见又在数据中获得

检验,如此不断循环的过程。

(Hayes,2000:184)

她继续提醒:

> 通过扎根理论分析方法产生的理论有时是非常基于特定背景的,只适用于少数的相关情形;但由于它总是从现实世界中获得数据,因此可以作为进一步研究的坚实基础,也可以作为研究的正当发现。

(p. 184)

大多数扎根理论研究者首先研究问题,但他们不是以假设开始,也不是以对相关题目进行全面的文献综述开始。他们是将理论建立在数据的基础上,但他们不会等到所有的数据收集完毕才开始分析,而是收集数据时就在分析。研究者检查访谈或者参与者观察的结果,然后在收集别的数据之前对这些结果进行分析。随着研究的进行,会收集到更多的信息,会有更多的分析,等等,直到达到"理论饱和"状态,也就是说"新的数据不再显示任何新的理论元素,而是确证已发现的内容。"(Punch,1998:167)

当分析看上去似乎恰当进行,所有的特定事件都已经被分类,编目已经"饱和"且出现足够多的规则性时,编码和记录就结束了;迈尔斯(Miles)和休伯曼(Huberman)对于这个原则持保留意见。他们警告我们"在这里要当心",因为:

> 田野工作中的理解是有层次地产生的。我们在某种环境中呆得越久,就越有更多层级浮出表面,这时选择什么时候停止、什么时候进入一个可靠的编码体系或者进行可靠的分析都是需要费心费力的。这种选择出于科学考虑,也受时间和预算的限制。当这种限制缓和时,饱和就成为一道消失的地平线——然后另一项田野旅行开始,然后是另一项……

(Miles and Huberman,1994:62)

格拉泽(Glaser,1992)也表达了对这些年发展的扎根理论方法的关注,尤其是计算机辅助的编码和检索软件的应用和发展,这种软件声称产生了基于扎根理论方法的理论。他认为要梳理出现的意义层级就需要更精微复杂的程序,但这并不是任何有限的分析过程能够完成的。

对扎根理论数据的分析,至少对我而言很复杂。它需要研究者确定概念、编码、编目及使数据有序可循的关系,而熟悉如何确认和应用这些所费的时间是相当可观的。我承认,我发现显然为扎根理论所固有的抽象水平和所用语言难以吸纳。然而,这只是我对梳理那些意义层级的困难的理解。我欣赏很多同行和以前学生的观点,他们已经完成了基于扎根理论方法的研究,他们却与我看法不同。他们告诉我计算机软件可以跟那些层级和复杂性完美结合。因此,所有我能说的就是,在你决定采用扎根理论的研究方法之前,在时间允许的范围内尽可能广泛阅读,并在最终决定如何进行之前,一如既往地多听取别人的意见。

叙述性调查及故事

我最近才开始对叙述的应用和解释感兴趣,特别是把故事看做有价值的数据源。故事当然是有趣的,而且已经被管理顾问和其他人应用了多年,在成功的实践中他们可能把成功的例子(和不成功的例子)当做讨论如何效仿成功实践和避免灾难的基础。如何以一种方式把从讲故事的人那里得到的信息组织起来,从而产生正确的研究结果,这已经成为我的一项负担。一组有经验的研究生和博士后学生帮我仔细整理并且解释所涉及的东西,这些研究生已经按照叙述性调查的程序安排他们的研究。我甚至不能确定叙述性调查实际上意味着什么,而且我一直相信搞清楚这个问题的最好方法就是向专家请教,因此我向珍妮特·格雷(Janette Gray)博士请教。她写下了如下内容:

>它包括故事的收集和展开,或者作为数据采集的形式,或者作为组织研究项目的方法。在访谈期间,信息常常以故事的形式表现出来,而我们是作为研究者来听他们的"故事"的,我们倾听并且努力理解。当数据采集、解释和文风被认为是具有和故事相似特征的"产生意义"的过程的时候,就可以说该研究方法是"叙述性研究方法"(Gudmunsdottir,1996:295)。叙述性研究方法可以包括经过反思性自传、人生故事,或者包括用以阐明由研究者提出的主题的参与者故事的片段。当研究者想要充满感情地描述个人的人生经历时,调查的叙述性方法是最合适的方法。叙述性方法可以顾及各方面的意见——研究者、参与者和文化团体——这样他们就能自然地形成政治上有力的优势。
>
>(Gray,1998:1)

我以前曾经交谈过的同事和那些在他们的一个或多个研究项目中成功地采用叙述性调查的同事,总是清楚地阐明,故事不只是作为一系列"故事盒"而使用的,这些"故事盒"不是一个一个堆积起来,且没有特定结构或连接主题。我的问题在于理解如何得出这样的结构和主题。珍妮特的解释如下:

>所有形式的叙述性调查包含一个分析要素和主题形成,这取决于研究者的观点。故事在基本结构方面有共同之处。故事的力量取决于故事讲述者表达对个人经历的理解时所使用的语言。叙述研究者的技巧在于把访谈信息组织成一种形式,这种形式清楚地表达了开端、发展和结尾。即使在社会科学中把故事的应用作为研究工具是一个相当新的概念,故事已经自古皆然地成为一个被欣然接受的讲述知识和拓展自我知识的方法。进行叙述性调查这种方法的一个主要优点是,能够为与故事讲述者或研究者没有相似文化背景的读者,提供一种在故事的格式中理解叙述行为的动机和后果的能力。叙述是一个有力的、与其他方法不同的方法以了解……

第一部分 确定讨论的范围

> 为叙述研究采集数据要求研究者允许讲述者设计谈话,而研究者问一些后续问题。因此,关于成年大学生如何认识他们处理返回学校学习的能力问题的叙述性方法,需要与成年学生进行扩大的、开放式的访谈。这将允许学生表达他们对该问题的个人体验、返回学习中的挫折和喜悦。这也可能包括与他们教育中的利益相关者们的类似"交谈"——可能是家庭成员、他们的指导教师、讲师——从而为研究成年学生教育提供多角度背景。

(Gray,1998:2)

珍补充说"考虑周到而谨慎的协商的优点是故事容许对正在讨论的情况有极端个人的、多方面的解释"。我确信情况确实如此。我已经认识到了该方法的价值,而且有时,故事能在个案研究和人种学研究中增强理解。然而,叙述也会暴露它们自身的问题:

> 访谈很费时间,而且要求研究者容许故事讲述者以他们自己的方式重述他们作为(或教育)学生的感受。在第一次访谈中,可能不会出现这种情况。直到研究者和故事讲述者之间建立了可信赖的关系,他们才有可能分享这么私密的信息。研究者的这种亲身投入伴随着风险,特别是道德风险。故事讲述者可能认为他们已经透露的感情比他们准备公开透露的感情多,而且他们可能坚持作出实质性的剪辑或者退出项目。

(Gray,1998:2)

差不多任何类型的研究都会出现这类问题,特别是那些主要依赖于访谈数据的研究,但是叙述性调查需要的密切关系会使研究者(和故事讲述者)特别容易受到攻击。

叙述性方法带有许多潜在的困难,尤其是初次研究者和在非常紧张的时间表内进行工作的研究者;这一事实并不意味着,当你为你选择的题目考虑适当方法的时候,就应该忽视这种方法。与此不同——但是科学研究计划通常就是这样,我感到在决定做什么之前与你的导师全面地探讨这个问题会好些;如果有可能,尽量找一位在叙述性调查方面有经验的导师,或者至少是一个对叙述性调查感兴趣的导师。

哪一种方法?

把一种方法归类为人种学方法、定性方法、实验方法或其他什么方法,并不意味着一旦选择了这种方法,研究者就不可能脱离通常与此种类型相关的方法。但是理解每种方法的主要优点和缺点可能会帮助你选择一套最适合你手头任务的方法。本章只涉及了一些与做研究的不同类型或方法相关的基本规则;不管怎么说,在你决定了课题并且考虑你需要进一步获得什么信息以前,这些规则对于研究来说至少是足够用的。

本章结尾附有补充阅读的书目。我尽可能列出在高校图书馆或者通过网络能找到的图书和期刊。无论如何,你都要常常查阅图书馆目录。如果有在线设备,图书管理员会告诉你怎样操作该系统。充分利用图书馆的现有图书或者从另一家图书馆借阅——最好是免费的。

补 充 阅 读

Aldridge, A. and Levine, K. (2001) *Surveying the Social World: Principles and Practice in Survey Research*. Buckingham: Open University Press.

Bassey, M. (1981) 'Pedagogic research: on the relative merits of the search for generalisation and study of single events', *Oxford Review of Education*, 7(1): 73–93. Also reproduced as Chapter 7 in J. Bell, T. Bush, A. Fox et al. (eds) (1984) *Conducting Small-scale Investigations in Educational Management*. London: Harper & Row.

Bassey, M. (1999) *Case Study Research in Educational Settings*. Buckingham: Open University Press.

Bassey, M. (2001) 'A solution to the problem of generalisation in educational research: fuzzy prediction', *Oxford Review of Education*, 27(1): 5–22.

Bassey, M. (2002) 'Case study research', Chapter 7 in M. Coleman and A.R.J. Briggs (eds) *Research Methods in Educational Leadership and Management*. London: Paul Chapman Publishing.

Bell, J. and Opie, C. (2002) *Learning from Research: Getting More from Your Data*. Buckingham: Open University Press. Part 5 discusses the way Tim Chan planned and carried out a survey of student evaluation of teaching effectiveness (SET) as part of his doctoral research (Chan 2000). If you are considering an experiment, then you may wish to consult Part 3 which discusses how Lim Cher Ping structured his experimental research into the effectiveness of a computer-based learning program (Lim 1997).

Bowling, A. (2002) *Research Methods in Health: Investigating Health and Health Services*, 2nd edn. Maidenhead: Open University Press. See pp. 410–15 for an account of action research.

Brewer, J.D. (2000) *Ethnography*. Buckingham: Open University Press.

Casey, K. (1993) 'The new narrative research in education', *Review of Research in Education*, 32: 211–53.

Clough, P. (2002) *Narratives and Fictions in Educational Research*. Maidenhead: Open University Press. Peter Clough provides interesting 'fictional' stories which demonstrate the use of narrative in reporting research, and discusses the potential merits and difficulties of such an approach.

Cohen L. and Manion, L. (1994) 'Case studies', Chapter 5 in *Research Methods in Education*, 4th edn. London: Routledge.

Darlington, Y. and Scott, D. (2002) *Qualitative Research in Practice: Stories from the Field*. Maidenhead: Open University Press (first published in 2002 by Allen & Unwin, Australia). Chapter 1 considers issues relating to quantitative and/or qualitative methods.

Denscombe, M. (1998) *The Good Research Guide for Small-scale Social Research Projects*. Buckingham: Open University Press. Chapter 2 provides a clear account of the advantages and limitations of case study. Chapter 3 deals with experiments, Chapter 4 with action research and Chapter 5 with ethnography. Helpful checklists are provided at the end of main sections.

Denscombe, M. (2003) *The Good Research Guide*, 2nd edn. Maidenhead: Open University Press. Part I, 'Strategies for social research' considers a number of approaches, including survey, case studies, Internet research, experiments, action research, ethnography, phenomenology and grounded theory. Checklists are again provided.

Fogelman, K. (2002) 'Surveys and sampling', Chapter 6 in M. Coleman and A.R.G. Briggs (eds) *Research Methods in Educational Leadership and Management*. London: Paul Chapman Publishing.

Goodson, I.F. and Sikes, P. (2001) *Life History Research in Educational Settings: Learning from Lives*. Maidenhead: Open University Press. This book explores reasons for the popularity of life history research in education, though many of the examples they consider are likely to have similar application to researchers in other disciplines.

Hammersley, M. (1989) *The Dilemma of Qualitative Method*. London: Routledge. On pages 172–7 and 198–204, Hammersley provides a well-argued critique of grounded theory, discusses its relationship to earlier studies of analytic induction and considers some of the criticisms sometimes levelled at Glaser and Strauss's (1967) approach. Quite a hard read but worth the effort.

Hammersley, M. (1990) *Classroom Ethnography: Empirical and Methodological Essays*. Buckingham: Open University Press.

Hart, E. and Bond, M. (1995) *Action Research for Health and Social Care*. Buckingham: Open University Press.

Hayes, N. (2000) *Doing Psychological Research: Gathering and Analysing Data*. Buckingham: Open University Press. Chapter 3, 'Experiments', provides useful information about causality in experiments.

Lomax, P. (2002) 'Action research', Chapter 8 in M. Coleman and A.R.J. Briggs (eds) *Research Methods in Educational Leadership and Management*. London: Paul Chapman Publishing.

Lutz, F.W. (1986) 'Ethnography: the holistic approach to understanding schooling', in M. Hammersley *Controversies in Classroom Research*. Milton Keynes: Open University Press. This is an excellent chapter which relates mainly to ethnographic research in education, but which has valuable advice about any type of qualitative research. The book is rather old now, but I hope will still be on the shelves of academic libraries or accessible via the Internet.

May, T. (2001) *Social Research: Issues, Methods and Process*, 3rd edn. Buckingham: Open University Press. See particularly Chapter 5, 'Social surveys: design to analysis'.

Moser, C.A. and Kalton, G. (1971) *Survey Methods in Social Investigation*, 2nd edn. London Heinemann. This book is rather old, but if there is a copy in your library, it is still worth consulting.

Opie, C. (2004) Chapter 5, 'Research approaches', in C. Opie (ed.) *Doing Educational Research*. London: Sage. This chapter considers case study, action research, experiments and grounded theory and includes interesting quotations from students' experiences.

Polit, D.F. and Hungler, B.P. (1995) *Nursing Research: Principles and Methods*, 5th edn. Philadelphia: Lippincott Company. Small but useful section on case study on pages 200–3.

Punch, K.F. (1998) *Introduction to Social Research: Quantitative and*

Qualitative Approaches. London: Sage. Pages 68–76 discuss some of the difficulties in designing experiments and give examples of a range of experiments and quasi-experiments. Pages 162–73 and 210–21 include excellent sections on the meaning and analysis of grounded theory.

Punch, K.F. (2003) *Survey Research: The Basics*. London: Sage. This 'How to' book is aimed at new researchers and is concerned mainly with small-scale quantitative surveys. Very useful.

Roberts, B. (2002) *Biographical Research*. Maidenhead: Open University Press. Chapter 6 considers oral history; Chapter 7 deals with narrative and in particular narrative analysis; Chapter 9 concentrates on ethnography and biographical research.

Thody, A. with Downes, P., Hewlett, M. and Tomlinson, H. (1997) 'Lies, damned lies – and storytelling: an exploration of the contribution of principals' anecdotes to research, teaching and learning about the management of schools and colleges', *Educational Management and Administration*, 25(3): July.

2 安排项目

选 题

  选题比它起初看来的要困难得多。因为你可以自由支配的时间是有限的,所以在做好基础工作之前,就有选题的诱惑,但你要努力不受这种诱惑的影响。把基础工作做好了,你就会在后期节省时间。你的讨论和调查将会帮助你选择课题,该课题可能是人们感兴趣的、你很有可能可以完成的、值得你付出努力的课题,而且以后该课题甚至可能有一些实际应用。

  诸如教育、社会科学、健康领域的许多研究者都直接关注研究的实际成果,尤其关注对他们单位实践的改进。其目的不仅是"为了知道事实和为了知识而了解其关系。我们想知道并希望了解是为了能做而且要比以前做得'更好'"(Langeveld,1965:4)。

  这并不是否认那种可能没有直接实践结果的研究的重要性。艾格尔斯顿(Eggleston)及时提醒了有关长期目标的重要性和需要比当前的实践看得更远。在他看来,将研究限制在当前的实践,将使它处于"受非难的境地,这种非难的唯一作用是根据已被接受的准则增加现有系统的效率,拒绝探索潜在更有效的可选方法的机会"(Eggleston,1979:5)。

显然,一直存在着这样的需要,去探索潜在更有效的可选方法以代替现存的规定。经过100小时的研究之后,你不太可能处于对任何系统的基础变化都能提出建议的地位。然而,无论研究的大小和范围如何,你总是将被要求分析并评价采集的信息,有时你还可能处于提出实践中可行性变革建议的地位。

和你的导师讨论可能的实践结果,并询问系里是否有选题大纲和研究概要的准备要求。考虑一下你的研究重点是什么。适用性重要吗,或者你的研究有不同的目的吗?

着手研究

也许你已经有了给定的研究课题,但在大多数情况下你需要从一些清单中选择课题或者自行决定一个课题。你可能会有自己的想法或有一个想探索的特定兴趣领域。也许你有好几个想法,且同样感兴趣。那么把它们记下来:

跟成年学生有关的内容吗?
工作压力吗?
研究的方法效度(或其他)/对计算的介绍/对图书馆课程的介绍吗?
对研究项目的监督吗?
对工作安排的监督吗?

所有这些都是可能的课题,但在决定选哪个之前还有些工作要做。你需要考虑一下每个课题可能会涉及哪些东西,以及哪个可能维持自己的兴趣。如果你觉得某个课题无趣,时间就会拖得很长,而且研究质量也可能会受到影响。跟同学和朋友谈谈你的最初想法。他们可能知道有些课题在某个阶段容易产生困难的敏感方面,或者他们可能知道别的跟你进行的一个或更多同样或相似课题研究的人愿意跟你交流。如果你想在自己所在的机构内进行研究,另一个需要跟同事讨论可能的研究课题的充分理由就是可能要寻求他们的支持与合作：如果想避免以后的困难的话,早期咨询是必要的。

　　试着删减你的清单,写下两个可能的课题——第一个是你最感兴趣的,第二个是当你的初步调查产生问题时退而求其次的选择。假设你对成年学生的课题尤其感兴趣,但研究在某一时刻停止了。这时你得清楚,对于"跟成年学生有关的内容"的要求比之前你所作的了解更多。到目前为止,你一直考虑的是概括性术语,但从现在开始,你得细化自己的想法并向自己提问题了。

　　着手进行你的第一选择(成年学生),然后开始在一张A4纸上写下自己的想法。我之所以说A4纸而不是一个信封的背面是因为你需要空间。在纸的中央写下"成年学生",然后开始联系所有你能想到的问题、疑惑、理论及观点。对此进行头脑风暴。如有必要,就插入箭头,把一个想法或问题与另一个联系起来。快速记下来,边想边写。如果要等自己的想法有很好的逻辑顺序再记的话,你就会(可能会)忘记自己最初的想法。无论你的记录有多乱和难以辨认都没关系,只要自己能认得就好。这一步是为你自己,而不是为别人的。

　　这一步的目的是帮助你理清自己的思路,从而决定对于每一项陈述和每一个问题你实际上用意是什么。这样会给你一些关于提炼课题的想法,使你不是对有关成年学生的所有内容都试图进行研究,而是深入到某个精确的方面。这样会给你提示,看这个课题是否太复杂以至于不能在规定的时间内完成,或者由于需要一些保密的信息又肯定会被拒绝,从而使得研究不能完成。

　　第一步会是一团乱麻也没关系。第二步将会集中得多,这时对于希望研究问题的具体哪个方面就会有个明确的决定。顺便说一下,直到研究完成,经过检查和/或作品已出版,都不要浪费第一或第二步的努力。在某阶段也许你会需要第一步和早期的草稿,因此应建立并保存"被否决"或"堆放"的文档。

　　考虑一下优先问题。例如,如果你已决定研究成年大学生的学习障碍问题,把第一和第二步中有关该课题的各项想法集中起来,列一个关于所选课题的问题清单,排除那些重叠或被否决的,随时增加一些进入你头脑的想法。在这个阶段,逻辑顺序和措辞无关紧要。你还在进行呢。

以研究目的开始。也许在这阶段很难会有准确的措辞,但清楚你为什么要进行这项研究很重要。仔细考虑一下。把你的想法记下来。向自己提问并把次级问题的任何提示记下来。要谨慎。研究目的是……什么?

- 为了识别成年学生的学习障碍?障碍的含义?我为什么需要这类信息以及如何发现这类信息?问学生?问直接从学校开始其学位课程的学生,并以此为样本,进行比较?有没有什么不同?在那些没有体会到学习障碍和体会到障碍的成年学生之间有什么差异吗?
- 为了确认成年学生和年轻学生之间学习成绩的差异?如何评判?根据以前学生的学位等级?这需要采用统计数据。有数据保护方面的问题吗?

每个问题又引发了别的问题。你得问自己:

- 各种机构认为的"成年"指什么?我定义的"成年"和"老"又是指什么?这里需要考虑一下"成年"的同义词。超过21、25、30、60岁才算成年?注册年龄为多大?毕业年龄为多大?这些问题都需要澄清。我怎样才能找到答案?可以允许查看记录吗?
- 哪些成年学生?自大学成立以来所毕业的那些,还是最近三年的?所有的学生都是同一所大学、同一个系、同一学科领域、同一小组的吗?这些都需要考虑。
- 研究中应该包括哪些机构/系科/部门/小组?关于如何获得许可需要征求导师的意见。一个机构/系科/部门/小组足够吗——或者可行吗?对我而言,将研究聚焦于我研究方向的成年学生能被接受吗?
- 关于这课题有前人做过吗?得去图书馆查阅前人写的有关成年学生的东西,看看他们对"成年"的定义——及别的。

这些问题可以给你及你的监督人或导师该往哪个方向前进的指示。你依然在**什么**阶段(**如何**阶段还在后面),但每个阶段都是个不断提炼和澄清的过程,这样在最后可以以提问、展示或检验的问题、任务、目标清单的形式呈现出来。这就是劳斯等人(Laws *et al.*,2003:97)所说的可研究的问题,明确这些问题在规划你的研究项目中是很重要的一步。

假设、目标及可研究的问题

许多研究以一个假设陈述开始,弗玛(Verma)和比尔德(Beard)把它定义为:

> 一个试验性的命题,该命题须经过后来的调查验证。它也可能被看做是对研究者的指导,在这个指导中它描述了研究问题将要遵循的方法。在许多情况下,假设是研究者对变量之间存在某种关系的直觉。
>
> (Verma and Beard,1981:184)

梅达沃(Medawar)进一步发展了这个定义,写道:

> 在每一个层次上,科学理解中的所有进步都是从一种不确定的冒险和可能是正确的虚构的先入之见开始的——一种总是不可避免地不大起作用(有时很不起作用)的先入之见,这种先入之见不同于我们根据逻辑和事实而相信的任何事情。它是对可能存在的世界,或一小部分那样的世界的发明,然后该推测接受批评以发现那个想象的世界和现实的世界是否多少有点像。因此,在所有层次上,科学推理是思想的两个片段之间的交互作用——两种声音的对话,一种声音是想象的,而另一种声音是批评性的;如果你喜欢,该对话还可以看做是可能和现实之间的对话;是建议和处理,推测和批评之间的对话;是可能是正确的和事实上正是什么样之间的对话。
>
> (Medawar,1972:22)

所以，假设提出了变量之间关系的论点，并且为研究者提供了怎样才能检验最初预感的指导。因为我们的推测暗示它可能是这样的，如果我们假定年龄（一个变量）对学位结果（另一个变量）有影响，那么我们会尝试弄清情况是不是这样——至少，在样本里的被试之间是不是这样。研究结果可能支持假设（年龄对学位结果有影响），也可能不支持假设（年龄对学位结果没有影响）。正如登斯库姆指出的：

> 证明/证伪的可能性在整个假设观念中建构起来。它以"如果（X 理论）是真的，那么（在 Y 条件下）我们可以发现（X 结论）"的形式出现。对假设"如果……那么……"的检验取决于对预期结果的发现（或没发现）。
>
> （Denscombe，2002：31）

在本书中讨论的这种小规模项目没有要求对假设进行统计学的检验，但是大规模样本常常要求对假设进行统计学的检验。除非你的导师向你建议其他的方法，详尽的目的陈述及可研究问题清单一般是足够充分的。要点不在于是否有假设，而在于你是否已经认真地考虑了什么值得调查和什么不值得调查。当研究继续进行的时候，轻微地矫正目的或者变动那些问题是允许的，但这不免需要你在最初准确地认定安排做的事情。直到该阶段完成，才有可能考虑采集数据的适当方法，因此现在是检验以下各项的时候了。

研究题目与项目提纲

选定**研究题目**。"学习障碍"或者"成年学生"？目前无论哪个都行。当你已经准备好向导师提交项目提纲并付诸讨论之前，再次检查一下该阶段的问题：

- 你对研究目的清楚吗？对此你确定吗？你觉得它可能值得去做吗？

- 你决定研究焦点了吗?
- 你还未确定样本。这需要跟导师讨论并寻求研究许可。你还没到那个阶段呢。
- 所有主要问题你都已经考虑过了(很多次),并且了解自己优先要做的是什么。在研究过程中几乎可以肯定会有所调整,但不必介意。
- 你已经开始考虑在某种情形下要回答你提出的那些问题需要收集哪些信息。还需要做更多的工作,但你已经开始了。
- 你还没开始考虑怎样获得这些信息,一旦聚焦完成,就可以考虑可能的方法和手段。记住不能想当然以为你可以访谈别人或者发放调查问卷让他们回答。你必须有明晰的官方渠道并获得许可。

还要作其他决定,但你已经有项目提纲的第一草稿可以与导师讨论了。在此之前,需考虑一下提交日期。考虑一下时间。在既定时间完成临时计划的机会有哪些?研究期间你并不是为了工作只跟电脑住在某个山洞里,而不用考虑承诺、家庭责任和假期。这些都需要你在时间计划内考虑。我一直在制定计划且与一系列清单相伴。虽然没有完全成功地按照它们执行,但至少它们可以提醒我还有什么要做的,并且在考虑所有困扰我的事情时,使我宁愿去做而不是去写。

时间安排

你根本没有充足的时间做完所有的工作,这些工作似乎对彻底完成任务很重要。但是如果你有提交日期的话,该工作必须以某种方式在指定的日期完成。你不太可能严格地遵循时间表,但是你必须尝试设计时间表以便于你能定期检查进展情况,如果需要的话,强制自己从一个研究阶段进入下一个研究阶段。

如果你在这一年必须完成一个以上的研究项目,那么列出明细表或者绘制图表就非常重要了,该明细表或图表指明在哪个阶段采集数据、在哪个阶段进行分析、在哪个阶段开始文字工作。在一个项目上的耽搁就意味着打乱了第二个项目和第三个项目的时间安排。是否列出明细表或绘制图表并不重要,但是你应该在安排进展方面作一些努力。

落后的最普遍的原因之一就是阅读材料比预期的时间要长。你必须查找书籍和论文的出处,而且仅仅再读一本书的诱惑非常强烈。在某阶段,无论研究的范围多么不充分,你必须决定停止阅读开始写作。强制自己继续前进是你必须学习的一条戒律。你应该与你的导师在项目的进展方面保持联系。如果事情出了差错而使你无法在该阶段继续下去,其他方法也许能克服该问题。谈谈该问题。在你与时间表不协调达数周之前,寻求帮助和建议,这样你就有机会改进最初的项目计划。项目大纲仅用于指导。如果后来的情形表明询问不同的问题,而且甚至有一个不同的目标将会更好的话,那么只要有时间就作出改变吧。你必须工作到学院指定的日期,导师和校外监察员会理解这种情况的。

指　　导

我得充分强调跟导师建立良好关系的重要性。很少有研究者——没经验的及有经验的——可以独自进行并期望完成有质量的研究。当然也有例外。并不总是没有吗?曾经有人告诉我,一个博士生知道他不需要导师并且没有参加任何研究辅导的意图。我劝告这些博士生,这种想法是非常不明智的,而且没有支持,他成功完成的机会非常小。他坚持不懈并且最终提交了一篇论文,该论文是一篇高质量、有深度的文章。他的校外监察员无疑会向他人推荐该论文获得通过。该方法有一个问题,那就是很少有人能这么专心、这么出色。大多数人需要一个我们信任的导师、一个可以和我们共享思想的导师、一个愿意建议并且对我们的草案给出真诚看法的导师,无论我们进行的是一个 100 小时的项目,还是一个本科生或研究生的学位项目。

学生和导师的关系

我偶尔听到有学生抱怨导师对他们的待遇不公平,在有些情况下,他们可能是对的——虽然他们并不总是对的。导师只是人。多数导师也要给其他学生讲课,指导其他学生,并且进行他们自己的研究。时间总是有限的,有些主要负责指导的朋友建议我转达这样的观点:不管是白天的任何时候、所需的时间和这些要求的频率如何,导师任何时候都应该见一见学生,这些学生可能需要与导师讨论其工作的任何方面。而事实不是那样的。虽然我知道重要的问题是"合理"对双方意味着什么,但仍然应该达到一个合理的平衡。

对学生和导师进行访谈反映的在指导实践中的巨大差异并不让人惊讶(Bell,1996;Phillips and Pugh,2000)。大多数被访谈的学生与导师之间的关系是积极的。这些被访谈学生的意见是"非常有帮助"、"告诉我关于研究的所有知识"、"没有她,我可能不能完成研究"、"他使我相信我可以做研究,在状况不佳的阶段从头至尾陪着我,仔细阅读我的所有草案,坦率地告诉我已经写了什么和什么事情还需要去做"。然而,出了问题的时候,他们就犯了严重错误,而且学生的意见是"可能根本找不到他"、"从来不给我回电话"、"使我觉得指导不充分"、"没有迹象表明他已经读完我的草案"、"似乎感觉不到他有对我的研究方法提出建议的责任"、"每学期只见我一次而且只有预定的 20 分钟。他总是迟到,但总是准时结束。我为了这 10 分钟的会面开了 100 英里的车"、"去度研究休假,却不告诉我;当我真的需要帮助的时候,没有人在研究的关键时刻'将我接手'"。

一些导师作出了有力的辩护。不顾我反复要求晚上 9 点以后不要打电话,经常在晚上 11 点或 11 点以后打电话。这样做激怒了导师,所以他拒绝把家里的电话号码告诉下一批学生。

他们抱怨学生约好会面却不来,要求老师通宵读草案,认为无论何时只要他们需要导师,导师就应该在他的办公室里并且有空与学生交流意见,等等。

在此提出这些问题的目的不是要想方设法指责谁,而是如果有可能的话,考虑避免冲突的途径,考虑走出困境的方法(只有当劝说不成时)。

指导实施规则

现在所有的大学都有(或应该有)指导实施规则。然而有这些规则是一回事,确保每个人都遵守这些规则又是另外一回事。你肯定能看到学校或机构的规则,从而了解你和你导师的权利和责任是什么。有些大学主动给学生提供一份规则,而有些大学则不提供。

大多数规则建议导师和学生在早期就应明白"指导"意味着什么,以及怎样的预期对彼此都是合理的。即使清楚了权利和责任,导师和学生的关系偶尔也会崩溃;如果所有改善这种情形的努力都失败了,那么唯一可做的事情就是在彻底绝望之前要求换一个导师。

更 换 导 师

换一个满意的导师可能不像看起来那么简单。一个不能跟导师和睦相处的在职学生急切地想换一个导师,但是系里找不到一个愿意接受她的导师。采取了所有的步骤之后仍然一无所获,她决定自己采取行动。她在午饭时间站在研究生公共休息室的门口大喊:"这里有人做历史研究吗?"当有几个人举手时,她问他们怎样看他们的导师,他们主修什么专业。无奈之下,她请求和一个学生们认为"和蔼、乐于助人、知识渊博但是苛刻的"导师面谈;虽然有些勉强,这个导师最终还是同意接手指导她。他们相处得很好,三年后她登上主席台获得了博士学位。她给

处于相同情形学生的建议是:

> 如果你的考虑是合理的,通过非正式的渠道和他人讨论这些问题并且把这些问题整理出来。如果这种渠道失败了,那么就通过正式渠道解决问题。在我的例子中,通过这两种渠道都不能换一个满意的导师,所以我决定自己解决问题。我不想这么做,但是我绝不可能和我的第一个导师一起完成研究。他让我觉得自己笨得不能做研究。

大多数时候,一切都进展得很顺利,导师和学生一样担心他们能否成功;但是如果进展得非常不顺利,那就清楚、公正地说明你的问题,不要放弃。

保存指导记录

我坚信指导记录应由导师和学生同时保存。我的很多同事不同意且认为这只是"另一种形式的官僚主义"。这里我指的不是需要费时准备的大幅文本,如果不花数周准备,只是以预先打印的一页表格,给出了指导时间、(非常)简单地介绍讨论过的问题、研究目标说明,如果需要的话,还有对草稿和研究过程的总结评论,给出采纳(及没采纳)的建议,以及下次会面的时间安排。在指导的最后顶多5分钟就可给导师和学生分别保存一份。这对于双方都是有用的记录和提醒,记录了谈了些什么、承诺并同意(或不同意)什么,可以作为研究日志保存下来。然而,现在它也服务于另一个目的。争议增多了,所以确保他们有一致同意的记录对双方都有好处。保存记录不只试图使人印象深刻,也不是另一种无用的官僚作风。它是一种良好的专业习惯。如果你的导师认为没必要保存这样的记录,就自己保存一份吧。

研究经验

在最佳的情况下,导师和学生的关系将确保你的研究经验是高要求的,而且保证你的研究经验是有价值的、令人愉快的,保证你可以最终成功地准时完成调查。就像我以前所说的,只有天才在自己支配充足的时间、利用一流图书馆的情况下,才可能独立成功地完成研究,但是我们周围并没有太多天才。我们大多数人需要帮助、鼓励和导师的专业指导。像许多没有经验的研究者和有经验的研究者已经检验过的那样,一个优秀的导师就像一粒金子,我们却拥有了最最宝贵的资源。

安排项目清单

1. 草拟一个简短的课题清单。

   向同事、同一专业的学生(任何愿意听的人)请教。简单地查阅图书馆目录。

2. 决定两个备选课题的清单。

   作出第一选择并把第二个记在心里,以防第一个太难或不感兴趣时可以做第二个。

3. 将第一和第二想法的问题列个清单,或将观点、想法、可能的问题——任何你能想到的——制成表格。

   这只是给你自己看的。其目的是帮助你弄清对哪方面的题目感兴趣或觉得尤其重要之类的想法。

4. 选择准确的研究焦点。

   你不可能做每一件事,因此你需要清楚自己希望研究哪方面的课题。你的课题可能值得研究吗?考虑一下。你最不想要的就是,无法摆脱不知所向、烦得你分心的课题。

5. 确保你清楚研究目的。

   考虑一下你的抽样对象。跟你的导师商量应该包括哪些个人或小组。

6. 返回到图表和问题清单,除去一些与选定课题无关的项目,另外增加有关的内容,去除重叠的部分,做出一份修订过的主要问题清单。

   目的是产生**可研究的问题**。注意你的用语!你对所用词语的意思清楚吗?词语对不同的人有着不同的意义。

7. 草拟初步的项目提纲。确保你清楚研究目的和焦点,确定了主要问题,知道需要收集哪些信息且考虑过该怎样获得那些信息。

   核查你的递交日期。你有充足的时间进行计划好的研究——并按时完成吗?

8. 在选题阶段和草拟完项目提纲后向你的导师请教。	在确保这些都是可行的之前不要在研究的路上走得太远。确保你讨论的样本是合适的,且问好应该请求谁才可以获得许可。
9. 最好了解一下机构的指导实践规则,知道如果跟导师的关系破裂该如何去做。	尽力弄清楚有关导师/学生权利和义务不清的地方。
10. 保存导师个人指导期间所讨论的问题、达成一致意见的简短记录。	这有助于提醒你有哪些任务和目标达成了一致。
11. 记住,好导师就像一粒金子,你拥有了最最宝贵的资源,因此不要提出无理的要求。如果要求你晚上9点以后由于老奶奶那时要睡觉不要打电话,你就不要打扰。	不幸的是,非常偶然地也会有师生关系破裂的情况。如果你有合理的考虑,就努力说出来并解决问题。如果失败了,就通过正式途径清楚客观地说明你的情况。如果再失败的话,就要求换导师。
12. 在研究一开始,就养成把每件事情都随手记下来的习惯。	直到研究报告递交、通过和/或发表之前都不要扔掉你的草稿。你永远不知道什么时候也许自己会用到它。

补充阅读

Cryer, P. (2000) *The Research Student's Guide to Success*, 2nd edn. Buckingham: Open University Press. Considers the roles and responsibilities of supervisors *and* of research students and provides guidance about what to do if things do not go well.

Delamont, S., Atkinson, P. and Parry, O. (2004) *Supervising the Doctorate: A Guide to Success*. Buckingham: Open University Press. This is a book written for supervisors, but it is full of helpful ideas and advice for students also.

Johnson, D. (1994) 'Planning small-scale research', Chapter 12 in N. Bennett, R. Glatter, R. Levačić (eds) *Improving Educational Management through Research and Consultancy*. London: Paul Chapman Publishing, in association with the Open University. This excellent chapter covers research planning, stages of carrying out an investigation, establishing the focus of a study, identifying the specific objectives of a study, arranging research access, developing the research instruments, collecting the data – and much more.

Laws, S. with Harper, C. and Marcus, R. (2003) *Research for Development: A Practical Guide*. London: Sage. Chapter 5 provides guidance about processes involved in planning research, writing the brief, defining the research process, setting the research questions and hypothesis testing. A useful checklist and list of further reading are provided. Well worth consulting.

Wolcott, H.F. (2001) *Writing up Qualitative Research*, 2nd edn. London: Sage Publications. Everything Wolcott has written is worth reading, his advice is excellent and if you can get hold of this second edition, read it all! He is particularly good, as the title of this book indicates, about writing but also about planning. He talks about his own practice, what he considers researchers should and should not do – and he can be funny at times. It all helps.

3 研究的道德规范和诚信

以前,计划并执行一项小规模的研究不通过正式渠道就有可能获得系主任、院长、校长或者领导的允许。无论是谁在负责,只要他确信你的研究的诚实性及价值,非正式渠道还是支持100小时研究的。然而,时代已经变了。在大多数情况下,你的导师清楚那些与你的研究相关的限制及法律要求。在你开始计划收集数据之前,他将确保你得到有关收集程序的适当建议。然而,你也不能总是依赖于导师。例如,如果你在一个机构工作,而在另一个地方接受指导,导师就可能不清楚你们机构的要求。如果你住在新加坡或加尔各答,但在澳大利亚或英国的大学注册申请了高级学位,你的导师就可能根本不了解当地的规则,因此就得靠你自己去弄清那些要求。尤其是如果你对你提交的计划的道德规范问题有疑问的话,一定要尽可能广泛地向人咨询,并讨论你的顾虑;如果你或你的指导老师有任何疑虑的话,都不要往下进行。

研究合同、实践规则、行为标准及知情同意的原则

关于研究合同和道德纲要没有什么新内容。它们已经被以

多种方式应用了很多年。也许它们的叫法不同,跟现在相比,以前的应用有个更不正式的基础,但的确是存在的。20年前,卢茨(Lutz)做了有关人种志的研究,他建议研究者:

> 每个人种志学者与其研究的社团之间达成某种形式的"合同",毫无疑问是必要的。这种合同需包括一些详细说明,包括哪些记录需要或者不需要检查;人种志学者应该或不应该去哪儿(什么时候,在什么情况下);哪些会议可以参加,哪些不可以;研究者得在田野待多久;谁(如果有的话)可以进入田野记录,甚至谁有权在发表之前评阅和/或批准人种志及有关它的分析结果,或者在什么情况下它们可以或不可以被发表。
>
> (Lutz,1986:114)

这是很好的建议,但它只是"忠告",而不是"要求"。这日子,很多机构和专业团体,像医学研究委员会(the Medical Research Council)、普通护理委员会(the General Nursing Council)、英国社会学学会(the British Sociological Association)及其他组织,都主动使其程序正式化,并制定了自己的道德纲要、研究合同、实践规则和行为标准等,涵盖了像涉及调查目的的欺诈、侵犯隐私、机密、安全、当研究涉及儿童时对儿童的保护——及其他问题。

哈特和邦德(Hart and Bond,1995:198—201)在他们关于卫生和社会保障的实践研究中列举了不同类型实践规则或行为标准的例子,这些规则和标准要求研究者保证参与者完全了解研究目的并且理解他们的权利。一些规则设计成在访谈开始的时候宣读,说明大家自愿参与,参与者可以自由拒绝回答任何问题并且在任何时候都可以退出访谈。大多数人承诺保密和匿名,但是像本章后面会看到的那样,实现这些承诺比起初想的可能要困难得多。一些人建议在访谈开始前,要求应答者签一份行为标准表,表示他们理解并且同意所有的条件。但是,哈特和邦德在他们的见解中指出:

> 简单地向被访谈者宣读(行为标准),然后希望应答者签署是不够的……应答者很有可能会对签署任何东西感到紧张,特别是在早期他或她可能还不熟悉访谈者的时候更是如此。我们的观点是,给应答者一些时间让他们以自己的速度阅读或再次阅读这行为标准,并且和研究者商议添加条件或者作一些改变,这样应该会更好些。我们建议应答者保存一份签过字的表。
>
> (Hart and Bond,1995:199)

这是一个合理的建议。我的见解是,除非被试有时间阅读和考虑其中的含义,否则不能期望他们签署任何的行为标准表。所有的研究者都要看准"知情同意"规则,该规则要求在开始采集数据之前仔细地准备,这些准备包括解释和咨询(see Gray, 2000,reported in Bell and Opie,2002:144—146;Oliver,2003:28—30)。

鲍林(Bowling,2002:157)还使我想起很重要但很容易忽视的一点,那就是除了确保参与者确切地知道研究中会涉及什么之外,知情同意程序"减少研究者的法律责任"。在这个好诉讼的年代,我们最好还是把每件事情都做完,我们不能只保证参与者的权利,还得保护我们自己的处境。

布拉克斯特(Blaxter)等人(2001)总结的科研道德规范如下:

> 科研道德有关于弄清你已经和研究对象及接触者达成的协议的性质。这就是为什么说合同会是一个有用的物件。合乎道德的研究包括获取你将要访谈、提问、观察或获取材料的那些人的知情同意。它包括达成使用这些数据的协议和怎样报告和传播它的分析的协议。科研道德还有关于一旦达成了协议,就要坚守。
>
> (p.158)

道德委员会

道德委员会在确保设计糟糕或有害的研究不被准许方面起着重要作用。达林顿和斯科特认为：

> 在所有涉及人作为被试的研究中他们扮演着看门人的重要角色。在考虑涉及潜在弱势群体的研究提案时，他们会特别警惕。道德委员会有责任考虑所有可能有害的源头；在授予研究进行的许可之前，研究者考虑过所有相关问题，这样道德委员会才会满意。
>
> （Darlington and Scott，2002：22—23）

他们的把关并不总是受欢迎的。里森（Reason）和布拉德伯里（Bradbury）报告了助产士行为研究小组（MARG）中一位研究者的一些经历。她感到：

> 看来道德委员会不仅要完成道德使命，而且当那些将成为研究者的人的工作不符合实证分析的框架，并且其研究揭示了环境中令人不悦的事实时，要担负阻止这种研究的把关作用。
>
> （Reason and Bradbury，2001：295）

这位研究者实际上感到委员会成员总试图阻碍她的研究，并且问："什么给予他们权利，来告诉我哪些妇女可以或者不可以在自愿基础上为了研究与其进行对话？他们有合法权利吗？或者那只是一种假定的权利？"嗯，他们当然有权告诉研究者什么能做、什么不能做。我不知道这些是否是合法权利，但道德委员会的确很有权利，如果提案被否决的话，那么你是不允许进行研究的。庆幸的是，我从来没见过或听说道德委员会的报告是试图阻碍研究的。也许有时道德委员会的成员似乎……也许是他们的要求过分热心——至少对那些重新提交申请的研究者而言是，但他们有责任保证不能有随便的、破坏性或违法的研究获得通过,那得符合他们的要求。

道德与研究委员会经常要平息的一个抱怨就是答复提案所需的时间。鲍林(Bowling,2002：158)说,据了解研究者收到研究许可得等3～6个月。诚然,这些延宕一般与医疗或有关卫生的课题有关系,这些方面的要求会而且毫无疑问应该严格些,但少有哪个委员会是迅速的——至少就焦虑的研究者而言。有时,他们不常会面。会面日期一般会提前通知,但研究者总是得在此之前提交申请。每件事都要花时间,因此还是要注意日期及可能的延误。

如果你进行的是100小时的研究项目,这些要求和延宕可能让人担忧,但除非你涉及的是医疗或有关卫生的研究,不然你并不总需要通过道德委员会这道程序。然而,你还得通过自己所在组织、部门和行业要求的审查程序,所以你得清楚它们是什么。

道德与研究委员会经常尽量快速完成小项目研究的审批程序,即便如此,他们也不会随便放过一个未充分准备的提案,他们也不该如此,因此,尽量让你的提交物完善些。初稿就够好了似乎不大可能,因此得让你的导师看看,接受建议,获得由委员会规定的准则,并遵照其要求。当然,也可能没有向委员会提交任何东西的要求。导师给予的批准可能已经足够了,但如果你发现确实得等到许可,那么也有很多事可以做,像阅读有关和围绕课题的文献,做笔记,尝试找出索引和目录体系的不同类型,想想你的发现可能会变成部分文献综述的途径。也许你得花时间熟悉你单位的计算机系统,记录参考书目,并且,考虑一些你提议的数据收集方法的可能设计。在接到书面许可之前你不能做的就是开始收集数据和联系参与者。

保密和匿名

并不奇怪,我所见过的"知情同意"的声明和道德准则都提到保密和匿名。我们都知道这意味着什么,不是吗?那么,我们知道吗?我的"保密"似乎跟你的意思一样吗?遗憾地说,我遇到过很多研究项目中不守保密和匿名承诺的情况,这两个术语意义的含糊可能导致研究者和参与者双方严重的误会。因此,如果你说参与者将会是匿名的,那么在任何情况他们都不可以被认出。如果你承诺保密……那么,就拿定主意在调查中你那意味着什么吧。

萨普斯福特和阿博特(Sapsford and Abbort,1996:318—319)写的有关非正式访谈的内容,提醒我们"访谈具有侵略性,让你的个人信息在研究项目中以可辨认的形式飞溅,这就更具侵略性了"。他们解释道,在他们看来,"保密是一种承诺,它保证你不能以可辨认的形式被认出或被描述;匿名也是一种承诺,即甚至研究者也无法说出哪个回答来自哪个应答者"(p.319)。这些界定是合理的,通过适当的致谢后可以应用于你的研究。然而,每个定义的含义都很重要。在本书的第二部分"选择数据采集方法"中,我提了一些其中的问题,但它们很重要,在这章也提一下。如果你对回答问卷者承诺匿名,那么,像萨普斯福特和阿博特指出的,这就意味着,没有人——包括你——知道是谁完成了问卷。就我而言,这意味着不可以发送后续的信函,问卷不应有编号或者标记致使应答可以进行身份辨认,也不能使用其他任何偷偷摸摸的伎俩。如果你觉得需要有发送后续信函这选择权,那么必须对应答者限定你的定义,可以在这些字行中这么说:"研究中的'匿名',我指的是除了我没有人可以看到(你完成的问卷/访谈记录),所有的问卷和记录在研究一结束就将被粉碎"。这是你的意思吗?考虑一下。

可能还有一些关于保密的困难。如果在报告中,你谈的是资源总监或英语课程主任,那么你立刻就识别了相关的个体。如果你使用的是假名或代码,对于了解内情的读者而言,可能还是很容易识别相关联的个体或机构。我记得曾经有一位校长生气,就是因为对他的学校承诺保密,但报告的写作方式使在那个地区的人很容易就知道是哪一所学校。如果报告是赞美夸奖的,没有人会介意被认出,但这位特殊的校长是一所处于很穷的地区,很多年来由于旷课和平庸的考试成绩而出名的学校的校长。在研究之前的两年里,(这所学校)已经迈出大步并改善了很多,当然,长期的改进需要时间。他的生气主要在于已经向他承诺报告的写作方式不可能使某一所学校被人认出来。他的意见是将来如果再有研究者来到学校附近的任何地方,他们将会被撵走。因此,注意你的语言,不要承诺你无法兑现的东西。

坚持保密和匿名,如果通过电脑散布消息的话

1997年12月,考迪科特委员会(Caldicott Committee)有关可确认患者身份信息的评论报告发表(http://doh.gov.uk/ipu/confid/report/crep.htm)。之所以发表这篇评论是由于对在英格兰和威尔士的国家健康服务(NHS)中使用患者信息的方式,及散布患者信息的信息技术应用的关注。这是一篇非常宏大、全面、精心构思的评论。评论中描述86组被散布的可辨认的患者信息,并提出了16条现实改进建议。人们很容易看到,在电脑里储存并传输给别的部门、医院或如全科医师(GP)诊所的信息,那些无权获取该信息的个人和组织可能很容易就取得。还有公司、医院、大学和个人散布有关雇员、学生及科研计划的参与者信息的方式——除非有措施保证个人身份不能被辨认出来——也引起了同样的关注。如果你也在考虑让参与者维持保密的话,我建议你阅读这篇报告。我还建议你查询1998年的《数据保护法》(The Data Protection Registrar,1998),尤其是与私人信息处理的个人隐私权相关的部分(http://www.open.gov.uk/dpr/dprhome.htm)。大量附加的后续立法已经提上日程,随着时间的推移,更多的法案无疑就会出来。

实践中的道德研究与"内部"研究的问题

不管你所在的机构或导师怎么要求,这毕竟是你自己的研究。即使你不用被迫遵守实践中的法规要求,也不用满足道德或研究委员会的要求,你也得满足自己,使你所做的每件事都能确保研究是以符合你自己的道德准则的方式进行的。这就是斯蒂芬·沃特斯(Stephen Waters)采用的办法,他是个申请研究生文凭的学生,也是个初次研究者。做那项研究时,他是一所中学的英语教师,他决定,如果可能的话,在自己所在的学校进行研究。而且他有兴趣调查自己所在部门主管(英语课程主任)的角色。该主任表示他对此有兴趣,并且支持该研究。这种情况使斯蒂芬确信该课题是值得做的,而且非常可能在允许的时间(事实上是三个月)内成功地完成。为了保证自己及学校的诚信,他决定写出他自己个人的实践规则,解释那些他认为工作中必需的条件和保证。准备工作以下列顺序进行:

1. 和学校长进行非正式的讨论,大体上达成一致。
2. 优化课题,陈述研究目标,准备项目大纲。
3. 和他的导师进行讨论,并且和英语课程主任进一步讨论。
4. 对项目大纲作一些微调,考虑将要使用的方法。
5. 向校长正式提交项目大纲、愿意进行访谈的同事名单和指导研究实施的条件和保证。

条件和保证如下:

1. 所有参与者都有保持匿名的机会。
2. 对所有的信息严格保密。
3. 当研究处于草案形式时,被访谈者有机会核实他的陈述。
4. 参与者会收到一份最终研究报告。
5. 大学仅为了考试的目的而评估该研究,但是如果随后要发表有关文章,必须征得参与者的同意。
6. 研究将致力于探索实践中的教育管理。希望最终的研究报告对学校和参与研究的人都有帮助。

那么,怎样进行研究呢?这是项目完成后斯蒂芬所写的内容:

> 我感到正式介绍保证是必要的。因为我完全没有研究经验,所以我不得不向校长保证诚实地进行田野调查,并且说服他,使他相信我。
>
> 事后看来,我本该更为谨慎的。因为我后来发现,尽管可以进行适当检查以核实参与者访谈时的陈述,但他们没

有足够的时间核校全部草案,所以不可能完全满足第3条的要求。第4条的要求是满足了,但是费用却高得惊人,所以在进行其他个案研究时,我决定删除这一条。这个经历警醒了我承诺太多、太快的危险。

只有当时间临近我将要发布研究结果的时候,我才发现有两处问题,在这两个地方研究条件的措辞仍然需要考虑对其进行解释。第一个问题是关于承诺保密(条件2)的问题,我没有把有关发布信息的含义说清楚。因为没有足够的时间分发报告草稿,所以没有人能检查我对他们所说的话的解释是否公正。在任何情况下,因为校长是唯一持有我书面保证文件的人,所以应答者只能根据我的口头解释来理解他们同意参与的条件。检讨过去,提供目的的书面大纲的解释副本可能会更好一些。教师都是大忙人,所以在正式请求他们帮助之前,假定他们能记住某时发生的谈话是不合情理的。事实上,无论他们是否记住了那些保证,他们都完全依靠我的诚信,以平衡的、客观的方式完整地介绍他们的观点。

更天真的是,直到我写报告的时候,我还没有意识到,对于外界的读者,通过角色认定人可能还能维持匿名的保证,但是对于学校里的人,这样做并不能产生相同程度的匿名效果。幸运的是,我阐明那些要点的失败并没有产生什么问题,但这样的失败是可能会出问题的。

斯蒂芬·沃特斯从他第一次进行的调查经历中学到了很多东西。因为他没能满足所有的条件和保证,所以感到他在第一次尝试中犯了一些错误,而且感到很担心。他的准备工作做得很充分,但是他没有充分重视向同事反馈报告和制作报告复印件的时间和工作。他关心的是他没有准确地阐述他用匿名和保密所表达的确切意思,但是在后来的调查中,他确信把这一点澄清了。他发现,有关角色冲突的问题更难知道该怎么办。他是一个全职教师又是一个兼职研究者——这并不是一个不寻常组合——偶尔他觉得把这两个角色协调好有些困难。作为一个"内部"研究者有一定的优势。例如,他有关研究背景和学校微观政治的贴切认识,路程不是问题,而且容易接触被试。他知道怎样才能最好地接近个体并认识到他们的困难。他发现同事们很高兴有机会把问题公开讲出来,并且由一个了解实际日常工作情况的人来分析他们的处境。但是另一方面,他发现对一些同事的访谈对双方来说都是一次不愉快的经历。作为一个内部人员,他很快意识到完成研究以后,你必须容忍你的错误。与学校及同事的密切接触使得他很难达到客观,而且他感到得到一些秘密消息可能会影响他和同事的关系。结果,情况看起来不是这样,但他能够预见到可能产生问题的情形。

当他顺利地完成了学位课程的时候,有人问他觉得是不是值得这样做,有没有一些对于第一次做研究的人可能有帮助的建议。他这样写道:

> 可能我给大家留下了这样一种印象,我的研究伴随着困难,所以是产生反效果的。假如是这样的话,那是因为我想鼓励未来的内部研究者行事谨慎,并且对可能的隐患保持警惕。现实中,我非常喜欢我的研究,并且发现对教职工跨部门的访谈给我提供了有用得多的学校管理实践的知识。的确,我的研究是那么耗时,以至于我屡次发现得努力才赶得上教学进度。即使没有后知之明,我也肯定对于解决这种进退两难的问题我所能做的非常少。坦率地说,研究使我对那些负责学校管理的人所面临的问题的理解更深刻了,而且后来还提供了对教育问题的许多想法。如果我的研究与现实无关,我就已经担心我对现实的担当程度了。因为我的研究与实际有关,所以在我的第一份报告中提出的几条建议已经被学校采纳;我的第三份关于管理团队在课程的角色的报告已经列入了春季董事会议的议程,而且这些个案研究的内容从总体上看获得了许多同事的称赞。如果我不得不选择一个鼓励未来的内部研究者采用的策略,那么这个策略就是研

究报告应该与机构实际关心的问题相联系。这也许可能有助于说服同事：参与到研究中对他们和对研究一样有益。

你的研究与机构实际关心的问题是否有联系取决于你的任务性质和你自己特别关心的问题,但是无论你是一个你内部研究者还是一个外部研究者,无论你是全职的还是兼职的,无论你有没有研究经验,都必须谨慎不要作出办不到的承诺。当斯蒂芬着手于他的初次研究时,研究大纲、草案和研究合同等都没有现在这么普遍。他得自己设计那些保证和条件。时至今日,很多机构都会有自己的一套规则,这些规则不仅用于指导研究,也用于保护知识产权。

与知识产权/所有权相关的道德行为规则

曾经,相对很少听到有关知识产权或所有权的问题。在科技部门,导师的名字曾经而且依然很习惯于出现在共同的论文中,排名先后由导师和/或根据普遍的部门或机构惯例决定。在由政府机构或商业组织赞助的研究中,机构一般会有一个关于知识产权的适当的协议,学生在研究开始的时候,就(而且也应该)被告知涉及的知识产权问题,尤其如果专门把他们招来进行一些决定前或计划前的研究的话,更应如此。在一些情况下,可能会要求学生把他们的知识产权转让给机构,从而保证任何潜在的专利或有市场潜力的发现不流失,所以让每个人都懂得这样做意味着什么很重要。学生写出来的东西是赞助该研究的机构、组织或研究委员会的财产吗？该知识产权是研究者个人的,还是研究者和导师的共同财产？如果该知识产权是共同拥有的,那么在发表的作品中,谁是第一作者？排名先后看起来可能没有什么价值,但是不能低估它对所涉各方的重要性。大学尤其希望它们做研究的学生并要求它们的学术团队发表研究成果。在研究评估中表现好不仅能带来认可和声誉,还能带来金钱——而且是三者兼得。

在医院和别的与卫生有关的组织机构中,有关组织产权的准和规则已经出现了很多年,最近我才开始看到有为个人和医院群体服务的"知识产权顾问"这个职位的广告,在我看来,这不仅说明了该问题在今天的研究和出版界的重要性,也说明了其复杂性。即使颁布了规则和准则,但当学生做了所有的工作却发现在发表的研究报告中导师和教授的名字排在他们前面时,依然存在着有关知识产权的激烈争论。

现在学术机构、部门、医院和基金会等都已经制定了各种各样的行为规则、准则和方针,这些应该对消除有关所有权的不道德行为和误解有所帮助,就像我所相信的那样,规则和草案有助于消除与知情同意相关的类似不道德行为的问题。没有哪个道德行为规则可以解决所有的问题,但至少也确实使得这个困难领域的主要问题更为明朗——这只是开始。

如果你是初次研究者,那么要求看看机构或组织与知识产权相关的准则似乎不相干。即便如此,弄清准则怎么说还是很有意思的。你也许不会想到,你的研究可能很杰出,很能引起兴趣,可以考虑发表,最好还是了解一下你在那愉快的可能结果中的权利。这也是为成功做准备的好主意。

研究的道德规范和诚信清单

1. 发现是否有与你的研究相关的限制或法律要求是你的责任。
2. 很多单位现在都有自己的道德准则、实践规则和行为标准。
3. 总是看准参与者的知情同意。
4. 如果所有的研究提案都要通过你的组织内的道德委员会的审查,那么确保你的提案完备。弄清委员会开会的时间,预留时间给人家考虑你的提案。

如果你或你的导师对提案的道德规范有任何疑问,都不要进行下去。

如果确实存在研究准则,确保自己了解并遵照其要求。

记住,除非应答者有时间阅读并考虑协议的含义,否则不要期望他们会在行为标准表上签字。

将你的草稿给导师看并向其咨询,跟任何有提案被道德委员会认可或拒绝的学生交流。

5. 一般需要对参与者承诺匿名和保密。
6. 绝对不要不遵守对参与者的任何承诺,因此注意你的语言表达,不要承诺你无法兑现的东西。
7. 如果你在用电脑的话,注意谁或可能会看到你的文本,尤其是如果已经列出了任何阶段的参与者名字的话。
8. 无论机构和导师如何要求,那仍然是你自己的研究。
9. 如果在自己的机构或组织内进行研究,尽量让同事了解你打算做什么,及多么希望他们愿意帮你。
10. 如果在某个阶段你想发表自己的某些发现,首先保证你已经获得相关人员和机构的许可。
11. 你也许认为拥有你所写的,并因此可以按自己喜欢的方式去处理研究报告、文章或书。
12. 没有任何道德实践规则、行为标准、准则和方针能解决所有的问题,但它们的确有帮助。

然而,确保你了解这对于你和参与者都意味着什么。

因此如果你承诺匿名,就不能再发送后续信函。不要耍花样!

查核《数据保护法》,尤其是个人数据处理中与个人隐私权相关的部分。

即使你不需要被迫遵循要求的行为规则,也无需满足道德与研究委员会的要求,也得确保研究以符合自己道德原则的方式进行。

不要太有野心。多考虑一下为了按时完成研究你可以有多少时间。

也确保自己有一份你的单位、行业的所有实践规则、行为标准和准则,尤其是与知情同意和知识产权相关的道德准则。

这有时也许是可能的,但不总是这样,因此在做之前先核查一下。

它们至少使一些主要问题更明朗。

补 充 阅 读

Aldridge, A. and Levine, K. (2001) *Surveying the Social World: Principles and Practice in Survey Research*. Buckingham: Open University Press. Pages 21–3 consider privacy, research ethics, informed consent, confidentiality and sensitivity.

Blaxter, L., Hughes, C. and Tight, M. (2001) *How to Research*, 2nd edn. Buckingham: Open University Press. Pages 157–61 deal with ethical issues in a clear and helpful way.

Brewer, J. D. (2000) *Ethnography*. Buckingham: Open University Press. Pages 88–99 discuss ethical issues relating to ethnographic research.

Busher, H. (2002) 'Ethics of research in education', Chapter 5 in M. Coleman and A.R.J. Briggs (eds) *Research Methods in Educational Leadership and Management*. London: Paul Chapman Publishing.

The Caldicott Committee (1997) Report on the review of patient-identifiable information. London: Department of Health.

Cohen, L. and Manion, L. (1994) 'The ethics of educational and social research', Chapter 16 in *Research Methods in Education*, 4th edn. London: Routledge.

Cohen, L., Manion, L. and Morrison, K. (2000) *Research Methods in Education*, 5th edn. Chapter 2, 'The ethics of educational and social research', provides 20+ pages of sound advice. London and New York: Routledge.

Darlington, Y. and Scott, D. (2002) *Qualitative Research in Practice: Stories from the Field*. Buckingham: Open University Press. See Chapter 13, 'Research ethics'.

Hart, E. and Bond, M. (1995) *Action Research for Health and Social Care: A Guide to Practice*. Buckingham: Open University Press. Pages 198–201 provide examples of ethics protocols.

Laws, S. with Harper C. and Marcus, R. (2003) *Research for Development*. London: Sage. Chapter 13 deals with ethics codes and responsibilities towards respondents. Well worth consulting.

Lutz, F.W. (1986) 'Ethnography: the holistic approach to understanding schooling' in M. Hammersley *Controversies in Classroom Research*. Milton Keynes: Open University Press. This is a very thorough chapter which, in addition to discussing issues relating to ethnographic research, also gives good advice about establishing a 'contract' for research, bias, and the importance of protecting the identity of every participant which 'leaves the particular person and place unnamed, unharmed, and unchanged' (p. 115).

May, T. (2001) *Social Research Issues, Methods and Process*, 3rd edn. Buckingham: Open University Press. Pages 59–68 consider ethical issues in social research.

Miles, M.B. and Huberman, A.M. (1994) *Qualitative Data Analysis*, 2nd edn. Thousand Oaks, CA: Sage. Chapter 11, pages 288–97 give excellent guidance about specific ethical issues, competence boundaries, informed consent, harm and risk, honesty and trust, privacy, confidentiality and anonymity, research integrity and quality, ownership of data, use and misuse of results, conflicts and dilemmas and trade-offs. No matter how pressed for time you are, do your best to find time to consult this chapter.

Oliver, P. (2003) *The Student's Guide to Research Ethics*. Maidenhead: Open University Press. Oliver clarifies research terminology, discusses the moral justification of research, areas of research which raise ethical issues, issues relating to the principle of informed consent, anonymity and confidentiality – and much more.

Polit, D.F. and Hungler, G.P. (1995) *Nursing Research: Principles and Methods*, 5th edn. Philadelphia: J.B. Lippincott Company. Pages 118–35 include sections on ethical dilemmas in conducting research, codes, the principle of beneficence (freedom from harm), the right to fair treatment, the right to privacy, informed consent, and vulnerable subjects.

4 阅读、参考文献和信息管理

阅　　读

　　比较理想的是,大量的阅读应该在研究早期就开始进行,而事实上很多活动一般都在同时进行,阅读甚至可能超期延后到研究中的采集数据阶段。如果在有严格时间限制的情况下进行研究(你将会这样的,即便你奢侈地有三年的时间全职做博士论文研究),要约束自己保证阅读不能占用比允许的更多的时间。这点说比做容易,因为当你开始研究某一课题时,就没把握什么是重要的,什么是无关紧要的。即使你能约束自己,使自己不受那些确实有意思但与研究课题无关的书或文章的诱惑而误入歧途,你也会发现在严格规定的时间夹缝里限制阅读很难。刚好在你需要的时候就能复印所有的书和文章似乎不太可能,而且总会有新的出版物出现,它们似乎是你祈祷的应答,而且是你认为刚好应该阅读的。这就是我们不得不经常接受的一件事:我们不能什么都做。我们得在允许的时间里尽最大的努力做自己能做的——而不是将"需要更多阅读"作为借口,而不实际动手写及做研究进程中需要做的其他事。

任何调查研究,无论规模如何,你都需要阅读在自己感兴趣的领域内别人做了什么,收集资料以支持或反驳你的观点,把你的研究发现写出来。在时间允许的情况下尽可能多阅读有关研究课题的内容,不仅会给你一些注意,看看别人做过的研究,还有他们的研究方法和手段——这点也很重要,因为从一开始你所做的每件事都是为最终的研究报告做准备的。

经验表明,作为学习者和研究者,无论把自己想得多老练,我们都需要被提醒注意系统记录的重要性。阅读一开始,我们就开始做记录,而且需要包含所有要点。这样,下周、下个月、"这些日子的某一天"、"当我有一会儿空的时候"或者"当我读完这50篇期刊论文的时候",都不会去做的。我们都以为自己会记得,但在读完之后数周,记忆就已经不完整了。在数月后,我们可能只模糊记得自己曾在某个时候读过有关某个特定话题的东西,但什么时候、在哪、谁写的都忘了。经过更长一段时间之后,记住的可能性就更小了。

做笔记并提防剽窃

阅读的时候,得做笔记记下似乎对你很重要的问题,并突出强调一下。你会留心反复出现的主题、类别和关键词,这些可能对于你在寻求的自己的研究结构或框架日趋重要。随着阅读的继续,优先考虑的东西(及问题)难免会改变。也有可能你会放弃一些早期的类别而确定别的,但保存一份记录,甚至早期放弃的那些类别也要保存下来。你不会知道,也许它们又会突然出现在以后的阅读中。

注意你的笔记。某个作者独特的观察视角经常可能反映了后期你希望查阅甚至引用的观点。因此总得在你的笔记中标明哪些是你的引用,哪些是你的解释,否则当开始写研究报告时,你可能发现自己在剽窃。

剽窃就是使用别人的文字就像是自己的一样。记住使用所有的资料都需要承认,包括对别人的文字和观点的解释引述。剽窃问题已经成为学校和高等教育领域的一个主要问题,这是可以从因特网付费获得考题和作业题的标准答案所导致的结果。看来现在很多人都准备买"保证 A 等文章",无耻地把那文章或其中一部分当做自己的递交。网络资源的开发极大地增加了剽窃者,那些将这些材料作为自己的递交的人很明显没看出这有什么不对的。这问题那么严重,以至于产生反剽窃软件;为检测考试和作业的作答,这软件已经得到了正规的应用,尤其在大学。

最近有些让人遗憾的剽窃案例广为宣传,它们损害了有关个人的声誉,现在导师对你草稿中的任何举例都会高度警惕。现在,大多数机构都制定了对付剽窃的准则,明确表示将对违反者严厉惩罚。这些惩罚包括从给剽窃的作品不及格的分数到从本门课开除。然而,最终的责任是你自己承担的,因此要小心。这些准则会正常更新,所以确保你有一份最新版的,很可能你的机构计划手册和与学术规范相关的行为规则中会提供。然而,确保自己不把别人的文字或观点不申明就当成自己的使用的最好办法是,小心翼翼地做笔记并准确记录参考文献的详细信息。

如果你在进行精确的文字复制,那就在摘录的起始和结尾处都加上引号。记录章节和页码;如果你省去了文本中的个别字或词,那就加上省略号清楚标出来,然后把摘录保存在你能找到的地方,即便这需要前后对照。如果你有设备的话,更好的办法是影印摘录,然后以惯常的方式加上详细的资料来源(图书馆管理员可以给你一些关于著作权规则的建议)。

在阅读和做笔记时,还有一件事要记在心里,那就是问问自己是否能相信你所阅读的东西。这点总是很难,但要问自己是否有别的资料可以印证这一特定资料。这个研究/报告/文献实际上说了些什么,提供了哪些论点支持其发现?作者以什么而知名?你觉察到偏见了吗?如果有的话,为什么?引用的资料是否有详尽的出处可以让你用来检验?布伦丹·达菲在第 7 章的《文献的批判性分析》部分提到所有这些及更多的问题。在开始进入聚焦阅读阶段前,你可以先看看这章和这部分,从而设计自己的"可靠性"清单。

对于看过的所有内容我都存有记录,甚至某些我没兴趣或对我没用的资料也有。别人没有这样做,并让我明白:就他们而言,对没用的资料存有记录很傻,他们不希望自己的文件跟那些没用的东西混在一起。他们有自己的观点,可能你也赞同,但我告诉自己为什么决定在第一时间看某本书或某篇文章总是有理由的。也许是题目看上去很有意思,或看过相同作者的其他作品,给我的印象很深。这将能持续到将来的某一时间,题目听上去依然有意思,作者依然能由于其在另一背景中出众的作品,而让我记住。也许我会再一次遇到该参考文献,需要再一次借这本书。我也许得跨馆借阅这本书,这样可能需要一些费用。所有这些可能是对时间和金钱的浪费,在任何研究中,无论规模大小,从来都没有足够的时间可以让你做所有应该做的事。提醒我决定该作品没意思的笔记,可以唤起我的记忆,能使我放弃那条特定的查询线索。我们都有自己独特的工作方式,你得决定自己的实践方式是什么。

参 考 资 料

研究早期,在信封背面草草记下参考资料似乎也够了,但是被扔进盒子的旧信封不会给你提供可靠的资料,而且很可能发生的是,参考资料将会不完整而且在稍后的阶段中难以查找。如果你将来只需要半打资料,那么小纸片就能满足要求。但是,随着你研究的继续,你会汇集许多信息资源,从一开始就有一个井然有序的系统记录就很重要了。

有几种非常令人满意的记录出处和其他信息的方法。比如,我在本书中使用的哈佛方法,只标作者的姓氏和日期,与其他方法相比有很多优势。它避免了笨拙的脚注,使文中提到的所有资料都只在报告结尾出现而不用每章都有。大多数机构都有一个希望你采用的优先选择的"存储"方式。如果由你自己决定采用哪种方式,你就需要考虑哪种可用的方式最适合你。不同的导师(及不同的出版者)采用不同的方式。看一下几本书末

尾的参考书目或参考文献部分。尽管每种都包括下列信息,可能你仍然会发现不同的方法:

针对图书

- 作者的姓氏、名字或名字的首字母
- 出版日期
- 书名(英文稿在其下画线标出,印刷时用斜体),合适的话注明第几版
- 出版地
- 出版者

例如:

May, Tim (2001) *Social Research: Issues, Methods and Process*, 3rd edn. Buckingham: Open University Press.(蒂姆·梅.社会研究:问题、方法和过程.第三版.白金汉郡:开放大学出版社,2001)

如你所见,这是一本书的第三版,而首次出版是在1993年,因此版次必须标明。一个新的版本纳入了相当数量的更新和新写的内容,而重印则只是原先版本印了更多册。只有新的版本需要标明这点。

再说一下标点的问题。没有理由要在书名或"3rd edn"之后出现句号。你可以选用逗号或留一个空格。为了让作者的姓名更突出些,你可以决定让第二行缩进去更好。如果你想那样,你可以把作者的姓名大写。请拿定主意,而无论你采用哪种方式,此后记录的每一条参考文献的格式都应保持一致——但谨记,开始之前,总是核查一下你单位的准则。

当一本书有三个或更多作者时,可以采用跟一个人时相同的格式,但有一两件事要注意。在你的报告文本中提到(引用)的资料,不需包含完整的参考文献格式。写"如梅(May,2001:42)所说……"就足够了。我喜欢标明页码,因为,如果没有页码——尽

管很多写作者的确会略去——在原书中找到引文会很费时,而且有时不可能。

如果有三个或更多作者,通常是在文本中使用"*et al.*"(等)表示第二个和后面的名字——虽然这在实际写作中也会因人而异。在"et"后面没有表示省略的圆点,因为这是一个完整的单词,但在"al"后面有,因为那是拉丁语单词"alia"的缩写。完整的各条参考文献会出现在报告结尾按字母顺序排列的"参考文献"清单中。如果某作者或作者们在同一年里有不止一部出版物,那么就要在出版日期后面加上"a"和"b"。

让我们继续往下。参考文献的规律和规则还没有讲完。如果你从期刊文章或书的篇章中摘录信息,那就存在着一定的差别。

针对期刊文章

作者的姓氏、名字或名字的首字母以及出版日期跟针对书的相同,但是你还需要给出:

- 文章的标题(有时需要引号,有时不需要);
- 文章或章节被刊载的期刊名称(英文一般需添加下画线或用斜体,虽然这也并非全都如此);
- 期刊的卷数,期次和页码。

比如,针对一篇期刊文章:

　　Whitehead, N. (2003) 'Herbal remedies: integration into conventional medicine', *Nursing Times*, 99(34): 30—33.(怀特黑德. 草药治疗: 与传统医学的结合. 护理时报, 2003, 99(34): 30—33)

卷数一般用粗体字,期次在卷数后面的括号里。期刊文章所在的页码一定得标出。

针对书中的篇章

对于书中的篇章,下列一些文字是合适的:

Wragg, T. (2002) 'Interviewing', in M. Coleman and A. R. J. Briggs (eds) *Research Methods in Educational Leadership and Management*. London: Paul Chapman Publishing. (T.雷格.访谈.见:M.科尔曼和A.R.J.布里格斯编.教育领导和管理的研究方法.伦敦:保罗·查普曼出版社,2002)

这是由科尔曼和布里格斯所编的书中的一个篇章,因此在他们的名字后面加了"(eds)"。在"in"(见)的后面,惯例是名字的首字母应该放在姓氏之前,而不是放在姓氏之后。然而,还是得遵循你所在机构要求的惯例。

从光盘或网上引用期刊文章及别的材料

如果你记录的是电子期刊的文章,请记住,除了像以上所述给出完整的参考文献各项之外,你还得标明材料是从光盘或网上获得。例如:

- 作者姓名
- 文章标题(不用下画线/斜体)
- [光盘]或[在线]用方括号括起来
- 期刊信息(期刊名加下画线或用斜体)
- 文章日期
- "引自:"或"摘自:"……服务器名,网址定位(URL)及获取的日期。URL(Universal Resource Locator)是文献储存的服务器的唯一地址。

实际操作可能很简略,但主要一点就是一定得提供足够的信息,让别的研究者也可以从该数据库中找到那篇文章。

有些电子资源的引用可能很复杂,因此如果图书馆提供记录指导的话,就照那建议去做。然而,如果没有提供任何指导,那就最好查核一下由诺森伯利亚大学(Northumbria University)的理查德·皮尔斯(Richard Pears)和格雷厄姆·希尔兹

(Graham Shields)做的"正确引用"(Cite Them Right),网址是http://www.unn.ac.uk/central/isd/cite/。这是个很好的、及时更新(并且目前免费)的网站,它为引用大范围的电子材料和许多别的材料——包括来往电子邮件、计算机程序、书目数据库、报纸和电子会议等——提供指导。

创建、编辑并电子保存参考文献

像"尾注"(EndNote)、"正面引用"(ProCite)、"参考资料管理器"(Reference Manager)之类的软件至今都用了一段时间了,而新的版本毫无疑问会继续在市场上出现。编目软件对于研究者而言有很多优点。比如,"尾注"软件在报告中为我们提供了创建、保存、组织、恢复和引用参考文献的工具。它的图书馆(数据库)可容纳多于30 000条参考文献,并且允许检索和管理在线的书目数据库。一旦知道了如何使用,我们就可以用不同的格式做自己的书目;如果我们够灵巧,还能在文本中插入图示。一些数据库和电子期刊也许有版权和许可限制,限制我们什么是允许打印的,但别的允许我们可以直接将材料下载到自己的记录中。我们甚至可以进入期刊文章的摘要、报纸文本、学位论文、博士论文摘要、图书和会议记录。

也许你会发现,图书馆提供了某一或更多已有系统的校园入口和支持。如果是这样的话,你是幸运的。不要忽视这样就在门口的设施,尤其是免费的。然而,很多研究者都是兼职的,居住或工作与其学校图书馆还有一段距离(或者甚至在国外),只有很少或者没有时间在学校,他们在家就需要这样的软件。

如果能证明你就是"学术用户",希望在家就能进入你机构的数据库和其他的设施,这也是有可能的。问问你的导师需要采取哪些步骤。如果他或她不知道,或者说了不允许在家登录的话,那就得看看其他办法。总是得想想其他办法。问一位图书管理员。我总是相信他们知道一切,而他们一般也真的知道。他们会知道规则,而且会告诉你该怎么做。然而,即使图书馆允许你在家使用,你也得明白可能会有一两点别的要求——可能是缴费的。

比如,你会发现参考文献和在线检索软件在硬盘中占据了相当大的空间,需要大量可用内存,因此如果你计划在家工作的话,不仅需要能相当熟练地操作电脑,还需要一台适合工作的电脑。也许你会发现不得不升级电脑,甚至像我一样,买台新的。这些都要花费,因此在致力于任何事情之前,请与软件供应商核查一下硬件要求。

当我决定了自己确实得熟悉电子参考文献编制并得进入书目数据库时,我乐观地认为这是很简单且相当快的事情。我读了些有用的宣传单,参加了由图书馆开设的课程,并且自己实践操作。我得承认这花费的时间比我想的要久,而且我仍然在学。当我在大学图书馆内操作时,一般会很方便地有人帮我,但当我在家发现自己不能确定或者会忘了某些操作步骤时,我就得依赖那"尾注"软件指南。当我发现自己在不断地问这个、那个或别的是什么意思的时候,我确实希望它别再跟我说方法很"简单",一切都很"容易"。在冒险使用电脑的那些老早以前的日子里,对于电脑使用指南我也有着同样的问题。现在一般不随电脑提供那种指南了,我依靠的是对我没有帮助的电脑帮助菜单。我甚至发现自己在哀悼那些有指南时的失去的日子,而我曾经不断地抱怨那指南。

我庆幸不是所有人都有这样的困难,谢天谢地。我知道有人买了第一台电脑,星期六坐下来,似乎星期日晚上就掌握了。我以前的一些学生告诉我说,他们觉得书目软件也同样容易理解和操作,并且说他们很高兴掌握了电子参考义献编制的技术。他们觉得指南上的说明很清楚,并且为我无力应付如此简单的事情而困惑地摇头。因此,最好不要听我的。最好听那么多学生的,他们通过了学习过程,现在能熟练运用自己所选择的软件,并且感谢这样的参考文献编制工具为自己节省了大量的时间。

比较理想的是,得进行必要的熟悉和练习过程,才妥当地开始研究。因为一旦开始研究,你就没有时间分清新系统的方便与不便之处。那只是理论,说得很好,但我们大多数人并不是生活在理想世界。一旦研究开始，就会有很多事要做而觉得时间不够，因此，如果你进行的是小项目研究，需要相对比较少的参考文献（比如说，20条或者更少），也许你就得问问自己是否有时间和精力去熟悉一个全新的电子系统，并确保完成承担的任务。

在这部分有很多"也许"和"有时"，这很难避免。组织机构以很不一样的方式运行，强加不同的条件，正常地改变规则，恐怕得你自己去弄清哪些条件适用于你自己的个案。无论如何，我不希望说，投资并熟练使用书目软件是对时间、金钱和精力的浪费。恰恰相反，电子参考文献很神奇，也正是我们都需要的，但你得了解牵涉到什么。

如果你决定继续下去，那就使用它来工作，但不要默默忍受。如果有困惑，就向那些没有困惑的人请教，尤其是如果他们常用你所选的这种软件。寻求他们的建议——不要觉得不好意思问一些你担心似乎很幼稚的问题。如果你能发现的话，哪儿都有奇才。哦，还有一件事，我经常说的。不要完全依赖于电子的魔力，要保存某种备份。因为那不是实在的东西，只是有些用罢了。有时魔力也会让你失望的。

卡片索引

我承认，在这个电子时代，我仍然使用卡片作为保存参考文献记录的方法。这些天，在图书馆，我常常似乎是没有笔记本电脑的少数人。笔记本电脑也许轻便，但就我而言，整天带着它四处走动仍然很重，而且要买又很贵。卡片很轻，实际上不花什么钱，很适合放在口袋里；而且只要你手边总有一些，无论在什么地方，你都能当场做资料的完整记录。卡片是我的备份记录（或者说备份记录之一），我会尽快将这些信息输入电脑。这提供了一个复件，而且给了我一个开端，可以按字母顺序列一份参考资料的完整清单。

我仍然记得一次很可怕的经历，不知何故，将近50页的草稿从电脑里消失得无影无踪。因此，现在我都尽量防备所有的不测。毕竟，如果电源断了，我的所有数据丢了怎么办？更可能的是，如果有一天我按错了键，把10个章节的内容删除了怎么办?当然要备份软盘和/或光盘,那是我本该做的,不然的话我就不会丢了那50页的,不是吗?哦,如果一个夜贼偷了我的电脑呢?这以前也发生过,不是吗?一些同事认为我执意以多种形式保存文件是多余的,而且不厌其烦地告诉我这点。也许他们是对的,但是不要让任何人跟你说办事只有一种办法。只要留有复件,采取哪种复制方法无关紧要,因此请决定了哪种方式最适合你,并坚持下去。

信息管理

现在已经清楚了一点,无论用卡片还是采用电子系统,只记录出版物的详细信息是不够的。即使在小项目的研究中,你也需要建立索引和交叉参考文献系统,因为如果后来你找不到自己需要的东西,大量的阅读也没有意义。在你阅读的时候,要养成习惯看看作者怎样对其发现进行分类,怎样发现事实之间的关系,怎样揭示主要问题。其他研究者使用的方法也许会给你一些启示怎样组织数据并对其进行分类编目。

你们已经创造并保存了的电子参考文献的人,在你记录资料的同时将有机会辨认关键词。这点也许很有用,但无论你选择的交叉参考文献和索引的方法如何,这种方法从根本上说是一样的。不知怎么的,甚至在研究的早期阶段,你就在考虑以什么方式能发现不同的课题谁写了什么。你最不想要的一件事就是花数天或甚至数周寻找一些你知道曾在哪儿读过的东西。你需要直接找到那些东西。容易吗?实际并不容易。奥纳(Orna)提醒我们:

> 以某种方式(比如,按作者、主题、存储日期)把各项信息集合起来,正是这样把具有其他共同内容的各项信息分开。同一个作者可能写了许多不同主题的文章,所以一种排列很容易找到某位给定作者的所有文章的同时,就很难找到有关所给主题的各项信息。

(Orna,1995:49)

嗯，生活从来就不是一件容易的事情，但是我们必须尽力去做，从而保证我们有某种索引和参考资料系统，该系统易于维护，而且可能可以为我们提供一个合理的途径，在你收藏的资料中找到大多数原始资料和主题。就像奥纳说的那样，"做这个工作没有什么'正确的方法'，成功的研究者所采用的策略千差万别"(p.36)。我会保持自己养成的终身习惯，至少是写作习惯。正如我之前说过的，我仍然以卡片记录参考文献，然后将信息输入电脑，但几乎从阅读一开始，我就开始建立一个交叉索引。主卡片会包括参考文献所有必需的详细信息，但如果特定的文章或图书提出了有意思的问题，诸如"扎根理论"、"文献综述"、"妇女问题"或别的什么，那么标有"扎根理论"、"文献综述"或"妇女问题"的另外一张卡片就会包括简单的参考文献信息（例如：Bluebottle,2000：46)，这些信息显示我在哪儿遇到那些话题，以及我在哪儿可以找到那些笔记、书目和期刊文章。我都是从大标题开始的，随着阅读的进展，再转到更详细的标题。例如，如果发现与医院的女主任医师相关的条目，我就可以在"妇女问题"这个总索引中添加一个分组。

如果你习惯于电脑索引，那么就请坚持使用，或者自己设计出也许别人都认为不合逻辑但却适合你自己的巧妙系统。但有一件你不能做的事就是什么都不做。

你的系统使你能对发现在各个标题下进行分组和分类，允许你查阅可能数月前看过的书或文章的有关笔记、引文和评论，要是没有你的索引系统这些书或文章很有可能已被遗忘。而且，创造新系统的少量努力可能会为你提供以后文献综述的脉络——当你写综述时，这会解决很多问题。

没有哪个系统能保证绝对完美，但也许你会发现自己偶尔会在箱中文件里到处翻找，或者努力挖掘你对于曾经读过的东西的记忆，但系统会将这种翻找和挖掘减小到最低限度。我们没有时间在箱子中折腾，那么还是做好交叉参考文献吧。

太小题大做啦?

哦,不。正好获得做这行的工具。编制参考文献可能是令人气恼的、吹毛求疵的,但一旦你建立了一个惯例,你就能(或者应该能)自动记录信息。如果你消化了本章的内容,并且准确地、一贯地记录了资料,那么你就会养成良好的研究习惯,并为自己的研究打下基础。如果还没上天堂,那么在你开始写报告的时候,你努力的工作肯定将会得到回报。你能轻易地找到信息,对证据进行重组和重新归类,并且用注有出处信息的引文支持你的论点。

顺便提一下,如果你现在想到要问我是否每次都能恰好找到参考文献,我得承认自己不能下如此鲁莽的结论。所有我能说的就是,我尽力核查自己所记录的和包含的所有信息,因为我知道不慎出错和遗漏所带来的痛苦。我怀疑是否有哪个研究者,甚至是最有经验和最好的研究者,敢鲁莽地声称自己从不犯错。英国开放大学招聘了有经验的课程教材作者和研究者团队,以产生自己的课程教材和读者群。他们有专家和专门课程小组图书管理员的支持,并且可以自由接触图书馆的印刷品和在线资源。写作是他们的工作,然而专门的图书馆管理员萨利·贝克(Sally Baker)回忆说:

> 不幸的是,从很多将要递交论文的、脸色苍白的学术人员和研究者来看,或者从那些惊慌失措地在图书馆拼命查找漏掉的资料、页码、作者姓名首字母等等的人来看,很明显即使是记录书目细节的一个偶然失误,在时间尤其紧迫的关键时刻,也会导致几个小时的时间浪费。

出于好心,她又说:

> 不可避免地,你会时不时缺少参考文献的类似细节——有时是别人对文献注释不当的结果——但如果你采

用有规则的方法进行信息管理,就能将出现这种情况的次数减小到最少。

(Baker,1999:69)

她说得对。因此阅读时要尽你的最大努力记录每一个详细信息,这从长远来看就能将压力和挫折减小到最低。

阅读、参考文献和信息管理清单

1. 在时间允许的情况下尽可能多阅读,并保存阅读记录。
2. 建立一个参考文献资料的系统。
3. 在记录资料时,你一定得记录作者姓氏、名字或首字母、出版日期、书名、出版地和出版者。记住要保存不止一个备份。
4. 看来对你很重要的问题要做笔记。寻找并保存一份关于类目和关键词的"第一想法"清单。
5. 问自己是否能相信读到的内容。有无偏见的迹象?参考文献是否准确?
6. 电子参考文献检索可能正是我们所祈求的。你也许可以进入自己所在机构的在线书目数据库,因此要问一下;如果提供使用训练课程,你一定得参加。
7. 确保你有用户名和密码。问你所在的部门、图书馆或电脑在线帮助——不要接受"你无权使用"作为答复。
8. 建立索引和交叉参考文献系统。

尽量不要超过规定时间。为了寻找启示,很容易就不停地阅读。

哈佛方法可能是最容易操作的,但核查你所在的机构是否有自己的规则。

针对图书、集子中的文章和期刊文章的参考文献条目是有差异的。记住所有的细节并不容易,因此直到你对所有的要求都熟悉以前,得保存示范卡片。

清楚写明在你的笔记里哪些是作者的文字,哪些是自己的解释,虽然这解释也需要引用。

作者提供了哪些证据以支持其主张?查核一下第7章里关于资料、证据和档案证据分析的信息。

但是,如果你计划在家工作,你得考虑自己熟悉各种技术所需的时间、成本,以及电脑是否有所需的足够的硬盘空间和内存。

因为如果没有这些的话,你可能无法得到想要的材料。

如果后来无法找到所需的东西,进行大量的阅读就没有意义。

9. 如果你能准确、一贯地记录资料,就会开始养成良好的研究习惯,并为自己的研究打下基础。	如果没有上天堂,当开始撰写报告时,你肯定会获得回报。
10. 太小题大做啦?	当然不是。正好掌握做这行的工具。如果你觉得不耐烦应付那些细节或想"稍后"再处理,那么在后面的研究中会给你造成真正的痛苦,因此要接受警告。手头要保存那些示范卡片,核查每一条参考文献,确保包含了所有的必要信息。嗯,那好吧。我猜即便是我们中最吹毛求疵的人也不完美,因此如果你知道有不完整的参考文献条目,至少标上星号、标上有色的代号或者标上某些记号,表明需要尽快地查对详细信息。

补 充 阅 读

Baker, S. (1999) 'Finding and searching information sources', Chapter 5 in J. Bell, *Doing Your Research Project: A Guide for First-Time Researchers in Education and Social Science*, 3rd edn. Buckingham: Open University Press. Sally Baker is an experienced and skilled librarian at the Open University and, as far as I am concerned, knows a great deal about literature searches. This chapter includes sections on literature searching, search structure, sources of information, citations, getting to know your library, selecting keywords, finding books, journal articles, theses and Internet resources and managing information. Finally, the example of a literature search is provided, as are numerous Web page addresses, many of which are still current.

Orna, E. with Stevens, G. (1995) *Managing Information for Research*. Buckingham: Open University Press.

Pears, R. and Shields, G. (2004) *Cite Them Right: Referencing Made Easy*. Newcastle upon Tyne: Northumbria University Press. This can be accessed via http://www.unn.ac.uk/central/isd/cite/ and is updated regularly by the authors. They give examples of new media, such as the Internet, text messages, virtual learning environments and provide advice relating to plagiarism, secondary referencing and common conventions. They plan to produce an updated electronic version of the book in the near future, but I still like to have the print version to hand.

I use it regularly. Obtainable from Northumbria University Press, Northumbia University, Ellison Place, Newcastle upon Tyne, NE1 8ST (tel. 0191 227 3700) or email: er.books@northumbria.ac.uk).

Rumsey, S. (2004) *How to Find Information: A Guide for Researchers*. Maidenhead: Open University Press. The section on referencing, plagiarism and keeping up to date with new developments is particularly useful.

5 文献检索

在第4章中,我已经强调了编制准确参考文献的重要性。现在,如果你的参考文献形式上已经做得很好了,而且已经开始建立容易管理的可交叉检索的参考文献系统,你的努力就会得到回报。如果对某种像"尾注"这样的在线检索工具很熟悉的话,在文献检索中你就可能会领先一步。然而,即使有这些优势,你仍然需要完善一套检索策略,获得一些检索技巧,这样,在可能的范围内,你就能检索到那些与课题相关的条目,略过那数以千计不相关的。

在图书馆的检索

如果你进行的是100小时的研究项目,那么就得现实一些。由于是在非常有限的时间里做研究,因此就从你自己图书馆的可用资源开始吧。要记得问一下在你的研究领域是否有专门的图书管理员,如果有,他们会为你节省很多徒劳检索的时间。我希望我的假设是正确的,那就是你们熟悉图书馆布局,已经查过馆藏书目,并进入过图书馆的**网页**。如果没有的话,你一定得先做这些。图书馆的**网页**差异很大,也总是这样,但最好的**网页**会给出有关你的大学、学院或机构订阅的期刊和数据库的密码、IT支持和相关信息，以及有关电子资源使用的版权规则和脱机使用等信息。无论你的研究规模如何，不要忽视你自己机构所能提供的资源。

书

走向书架，浏览一下与你的课题领域相关的书名，如果你看到可能会想要的东西，那就找张桌子和一把椅子坐下来看。检查一下目录。书名可能会误导你，但目录可以使你了解这本书到底写了什么，及其所用的语言风格。快速浏览一下可能与你的课题相关的章节，检查一下每本书的索引和参考文献。复印设备在图书馆一般都有——收费的——因此可以买一张复印卡，如果那是在执行的图书馆制度的话。阅读一下通常在复印机附近出现的版权规则。如果对这些规则有疑问的话，你可以向图书管理员咨询，了解什么能做，什么不能做，什么是合法的，什么不是。

复印图书或章节后面似乎是自己想要的参考文献或书目列表，把你认为以后研究中可能会用到的那些条目标上标记或者突显出来。这些列表通常能提供宝贵的额外资源。有的研究者把那些复印件存档，并且如果判断以后要查阅某些章节或图书，就只会记录那些突显出来的条目。我是个冲动的记录狂，会把突显出来的所有条目立即添加进卡片，然后尽快将它们转移到参考书目列表里。如果你一直随身携带笔记本电脑的话，你可以当场就把那些条目记录下来——就像同事经常跟我说的，这样你就不会浪费时间把同样的工作做两次。

注意可能的关键词，并做笔记提醒自己是在哪儿发现这本书的（图书馆分类号、几层、几号书架、主馆还是辅楼、别的图书馆、别的国家——任何可以帮你再次查找的东西都可以下）。

期　刊

图书馆书目会包含你所在机构订阅的期刊列表。无论是在图书馆的书架上,还是仅以电子文件格式使用,期刊都很贵。不管哪一种,图书馆都得花钱,并且随着图书和订阅在线资料的费用越来越大,很多机构都得决定负担得起的是什么。

有成百上千种期刊,可能很难知道哪一种也许会提供最有用的信息,但所有的学科都有核心期刊,会包含获得国内甚至国际承认的文章。研究者经常从这精英期刊群开始他们的研究。然而,那并不是说只有这些才值得参考。还有很多别的可能也同样有用,因此可以问问你的导师和同学大致的刊名,核查一下是否有纸本格式,如果有,就再次走向书架吧。

就像对付图书一样,可以看看期刊前面的目录(或者有时在后面),阅读文章开头的摘要,把感兴趣的东西和可能的关键词记入笔记。如果版权条件允许的话,把所列的参考文献复印一份,也复印一份与你的课题相关的任何文章——并像对付图书那样,添加一条笔记标明期刊的位置。

当你觉得在图书馆检索中到目前可能已经尽你所能了,到了这个阶段,就可以再看看参考文献清单了。如果你发现相同的研究成果被不同的图书或文章一再引用,似乎就有理由得出这样的结论:其他研究者认为这项研究做得很好,值得参考,即使是20或30年前的东西。超过10年以上的资料并不总是可以在网上找到,因此得问问图书馆员工,看看图书馆是否还有副本,如果有,那就问清在哪儿。过上三四年,期刊就常常会从书架上撤走,但这并不一定就意味着期刊已经被毁了。我经常去的一家图书馆在下层区域的某个地方保存着将近10年的期刊副本,另外一家图书馆则租了一个仓库存放旧东西。学生(和教职工)就得预约所需的书或期刊。

如果图书馆没有你需要的这些东西,并不是一切都没了,因为你或许可以通过馆际借阅向另一个图书馆要求复印一本书,或者获得所需期刊文章的复印件——有时可能需要付费。图书馆员工会知道有提供哪些服务以及怎样得到你想要的,因此,你就问吧。

电脑检索文献

成为一个电脑高手固然很有帮助，但即便你可能认为会遇到技术上的挑战，你也完全可能进行电脑文献检索。好好利用你的导师、院系、朋友或图书馆员工为你提供的任何检索指导。弄清楚该谁帮助没有经验的电脑文献检索者，并且如果被难住了的话，一定向他们寻求帮助。不要自己默默地忍受，不要觉得你是唯一一个无法在电脑前坐十分钟就能解决所有检索问题的人。你不是。很多图书馆有电脑检索文献的课程，在那里你可以尝试各种办法，也可以提任何问题。无论你时间压力多大，一定要参加——即使你是在高手的行列。文献检索有专门的技巧和诀窍，在考虑开始检索之前，你还有些事要做。

用户名、密码和在家工作

在很多电脑文献检索中，你需要一个**密码**或**多重密码**、**用户名**，有时需要**授权代码**，尤其是当你希望进入全文检索时。**密码**可能是由图书馆、你所在的院系、院系 IT 负责人和/或电脑中心自动配给的，但实际情况各不相同，如果什么都没有说明或传达，那就得到图书馆问问谁分发什么**密码**。

为了能够进入你需要的某些数据库，你可能会发现需要不止一个**用户名**和**密码**。比如，很多大型图书馆都支持 ATHENS 系统，这个系统对接受高等教育的学生简化了进入数据库的程序，但也要求专门的 ATHENS **用户名**和**密码**。图书馆员工会告诉你如何获得它们。

如果你想在家或者在不同的国家进行检索，你的**用户名**和**密码**可能同样可以进入，就像你在那个图书馆那样。但并不总是那样。你也许需要新的**密码**和**授权代码**，或者就像我在第 4 章中提到的那样，你也许需要脱机使用许可。你所在的机构也许会、也许不会为这个许可付费，因此，就像惯常那样，去问问图书馆员工或者你所在院系的电脑/IT 负责人，看看应该怎么办。

搜索引擎

如果图书馆有"怎样……"或者"简易检索向导"之类的东西,那么这些就会一步步引导你通过某些搜索引擎和你单位订阅的数据库的种种必要条件。仔细看看那些说明,将其保存在近便的地方,以备以后参考,并把它们添加到你电脑上的"收藏夹",以便在将来使用的时候不用每次都输入网址(URL)。然而,即使有这些向导的帮助,在某个阶段,为了获得更广泛的材料,你可能得用别的搜索引擎。

搜索引擎搜罗大量的数据库,查找那些提到你的关键词/索引/短语的资料,还可以进入数千个网站——有一些会在本章的结尾列出。它们在特性和内容上会各不相同,要尝试搞清几个搜索引擎可能会花很多时间,因此多问问你的导师、朋友、同学和专门的图书管理员,看看在他们看来那些最好用。

在网上获得任何信息都是可能的,包括从在哪儿能买到帽子,到怎样在伦敦市中心找到一套六居室的房子。目前,我没想买这两样东西,但如果我确实想买的话,我可能会登录谷歌(http://www.google.com/),这是我首选的搜索引擎,我确信它能提供我所需的所有信息。然而,这些大型数据库的问题就是,涉及我们搜索目标的信息可能过多,过滤搜索结果所需的时间可能相当多。

多年来,文献检索者都在使用谷歌,但现在,"谷歌学术网"(http://www.scholar.google.com/)的开发,正成为学术用户巨大的意外惊喜。它延续了谷歌的格式,允许我们通过关键词、主题或作者进行搜索,包含了广泛的同行评议文章,以及有关论文、报告、著作和引用(某一条引文在其他出版物中的引用次数)的信息。我喜欢书,喜欢能够捧着书在床上阅读,因此,我很喜欢这些信息:如果我想查询某本书,谷歌学术网(Google Scholar)会告诉我在英国的哪个图书馆有藏书。

检索手段

让人气恼的是，搜索引擎自己采用一套规则，有的搜索引擎在每个关键词或短语之间会接受逻辑运算符（AND, OR 和 NOT），但有的却不需要。如果你用谷歌搜索，你会被告知："不必使用'AND'这个运算符——我们默认包括所有搜索的词语。"其他搜索引擎干脆忽略这些运算符，或者可能要求用逗号、括号、问号、加号或减号——或别的什么。有时问号可以代替单个字母，那么 WOM?N 就会找到"woman"或"women"。将星号放在单词中间（居中间断）可以处理不同的拼写问题，这取决于搜索引擎，比如 COL*R，会找到"color"或"colour"。这看上去似乎没必要，但记住，关键词设置必须准确；如果在美国数据库中检索的话，"colour"可能不被识别。如果星号放在单词末尾（右边间断），就像 CHILD*，那么"child"、"children"、"childhood"都能找到。

问题是搜索引擎和数据库可能使用上述所有、部分或干脆不使用这些运算符。幸好，在线帮助、数据库帮助热线、精通搜索的同学和图书馆"怎样……"宣传单页都可以帮你了解有什么要求。如果没有的话，恐怕就是尝试与出错的情形了。

设计检索策略

当本书的第一版在 1987 年出版的时候，相对较少研究者精通电脑检索。现在，很多人都将上网搜索作为首选，有时只作在线查询。然而，文献检索的基本步骤与 1987 年时大致相同，都是确定与研究相关的参数，提炼并聚焦关键词；这些关键词可以使你找到相关的资料，并且，可能的话，去掉大多数不相干的内容。

定义检索参数（检索限制）

问问自己以下问题：

1. 你是只对英语资料感兴趣吗？你想要世界范围的资料

或者英国的或者……？注意，现实些。如果在检索开始的时候你要得太多，就可能被自己搜出的大量材料淹没。

2. 你想要从 1800 年到现在的所有文献信息吗？在 100 小时的研究中，你没有无限制的时间，在更大规模的研究中也没有，因此，开始就从小范围开始吧。限制自己就看过去 5 年或 10 年的出版物吧，只有当你需要更多信息或者导师说你得扩大检索范围时，才看更早的。不是所有导师都赞同 5—10 年的建议。有两位经验丰富的科研导师看了这章的草稿后清楚地表达说，即使是短期项目，他们也会希望研究者能涉猎更大范围的文献。他们指出，如果研究者忽视了早期高质量的研究及他们称之为"标准文本"的东西，就不能呈示其课题领域在某个时期知识进展的一幅不偏颇的画面。我理解他们的关切。大研究项目，像博士论文研究，几乎总是要求研究者做一份完整的文献综述，但100 小时的研究花在检索上的时间一定相当有限，因此要向你的导师寻求有关文献综述要求的指导。尽量不要将文献检索的门关得太早，但要经常检查允许用在检索上的时间，尽量不要超出。

3. 你计划将研究聚焦在哪儿？医院、学校、大学、学院、监狱，还是成人教育中心？试着将你的定位包含在关键词中，看看能找到什么。

4. 你是只对某一学科领域感兴趣吗？如果你只关注护理专业成人学生的学习障碍，那么在关键词里包括"护理"就是合情合理的。

5. 你希望研究仅在苏格兰、新加坡、澳大利亚、美国——或者世界范围进行吗？这有关系吗？

6. 样本成员在不在高等教育领域有关系吗？如果他们在哪儿无关紧要的话，就去掉关键词里的"高等教育"。

7. 你考虑过其他替换性的专业术语吗？你用的关键词是"成人学生"、"（学习）障碍"和"高等教育"。电脑检索时，数据库索引可能不会跟你使用相同的术语或拼写，因此得列个同义词和替换词清单。查一下词典和像《罗热英语单词和短语同义词词典》(*Roget's Thesaurus of English Words and Phrases*)这样的同义词词典。有时,数据库实际上会提供一个同义词词典,使你能够采用数据库所使用的关键词。如果这样的话,就用吧。

单个及成组的关键词

进行文献检索的目的不是要确定依次跟每个关键词相关的资料,因为你真正想发现的是高等教育(或大学,或学院)中的成年学生(或者大龄学生)体会到的妨碍其学习(或成功)的障碍(或困难),那就意味着在文献检索时要将所有的关键词包含内。

有的搜索引擎可能会接受短语;有的不会,但在过度局限于聚焦在你的特定要求之前,先看看两个大型的搜索引擎是怎么处理你的话题标题的。从雅虎(http://search.yahoo.com/)开始。输入"barriers to learning for mature students in higher education"(高等教育中成年学生的学习障碍),你会看到有 57 900 条搜索结果,显然还需要进一步聚焦(随着日期的不同这个数字可能会变化,但这至少让你了解在任何日期可能找到的与话题标题相关的搜索结果数)。

如果你在谷歌学术网(http://www.scholar.google.com)上进行同样的检索,会发现有 4500 条搜索结果。更看好得多了,但仍然是个很大的数字。记录网址并添加到电脑的"收藏夹",这样,如果需要的话,就能再次找到它。滚读几个网页,对任何可能值得跟进的内容做笔记,但不要失去自制力。

版权和许可限制

浏览文章和报告全文,看看它们是否像显现的那样有用,这总是很有帮助的;但如果你想下载网页保存为文件,并打算日后摘录其中某些部分,就得注意版权与许可限制的问题。数据库的帮助热线应该会提醒你什么可以下载、打印和使用,什么不可以。如果没有提醒——或者如果你有疑惑,就向导师和/或专门的图书管理员寻求帮助。有些单位的网页相当完整地陈述了什么是法律上的"正当行为",什么不是,因此,值得看看你的行为是不是其中之一。现在,从网页上剪切和粘贴很容易,我猜我们都时常这么做,但如果你疏忽了,没有详细地注明资料的来源、获取的时间、你粘贴到自己记录中的文字是谁写的,那就可能会陷入真正的麻烦,因为你可能会发现自己卷入了剽窃的情形。这些日子,在高等教育单位,剽窃是个纪律问题,而且可能会确实很严重。我认为,在过去,某些研究者陷入这个特殊的蜘蛛网是由于真正的无知,而不是由于刻意的欺骗企图;但现在,已经给了学生那么多口头和书面的警告,各个单位已经没耐心听"哦,我不知道那是错的"之类的借口。因此,小心点儿。

聚焦关键词

在研究的早期阶段,你无法花费太多时间去滚读大量的网页,因此就得开始更强地聚焦一下你的检索请求,剔除大量无关的内容。再看看"定义检索参数"那部分,检查一下你是否明确了你自己对每一项的回答。有时,如果你没发现什么有用的结果,也许就可以考虑试试替代性的关键词。用"困难"代替"学习障碍"怎样?你可能还觉得"高等教育"不重要,可能"研究生"重要些,因此在谷歌学术网上输入"学生+困难+研究生+护理",看看会产生什么结果。现在,你发现只找到 26 条结果,即便你们那些做 100 小时项目的人也可能可以抽时间滚读全部 26 个网页。你发现有一些可能有用的资料,但正常地,每项都只提供两行,不到看完全文,很难知道这些是否真的有用。你也许可以"以网页方式浏览"(即"以超文本链接标示语言浏览",View as HTML),而如果决定沿着这条路线走的话,你将被指引到你所需要参考的材料。有的会让你免费获得全文,但有的可能需要密码或者甚至需要缴费。如果有的篇目跟期刊文章相关,一般会给出期刊名。把那些记下来,以后看看在图书馆的书架上能不能找到,或者有没有电子文件格式。这里要提个醒儿:有些网站不允许你返回,因此经验丰富的网络检索者告诉我,他们在新窗口打开网络链接以便跟踪路径。其他网站有着不同的系统,因此多问问周围的人吧。弄清同学中的电脑高手都采用什么办法,问问他们怎样保存网页记录,以便快速回头查阅,并且必要时可以从一个网页转到另一个网页。

时间——再说一次！

我很遗憾自己重复，但文献检索尤其是电脑检索可能会难以自制，很容易占用分配给别的重要任务的时间，因此在某个阶段，你得告诉自己"暂时真是够了，可以继续其余的研究了"。不要含糊其辞。严格遵守这点，记住，你不能一直在检索，你也不可能知道一切，即使是在做非常大规模的研究。

对证据的批判性检验

作为研究者，尽可能由你来考虑检索时确定的研究的价值。问问你自己，在你看来，研究是否设计完善，采集数据的手段是否适合达到目的。在第 7 章，在针对其他事情的场合，布伦丹·达菲提醒我们："作者极少会宣称自己想当然，所以，如果可能的话，研究者的任务就是要揭露这些。特别要留意任何暗示了党派性偏见的术语。"他问道："提供的证据是否能令人信服地支持作者的观点？"他写的是有关档案证据分析的内容，但他的建议对于考虑研究报告的价值同样适用。当然，回答他的问题并不总是那么容易。对于确认其他研究者明显的偏见迹象，我们可能没什么问题，但同样要注意自己是否有。例如，我们可能很赞同某位作者的结论，乃至没问这些结论是否经过充分论证。接下来就有一个用以作出判断的信息不充分的问题。如果你都是在网上检索，可能会发现有关研究设计的信息并不总是那么充分、详细。你所能希望做的一切就是尽可能全面、客观地检验研究报告，只要你的时间和公平心允许。

总　　结

使用你自己单位提供的设施，这重要性我怎么强调都不会过分。比如，只要你有用户名和密码，通常大型的学术性图书馆都会让你现场免费上网获得网络资源,使用搜索引擎、数据库和他们订阅的全文电子期刊等。如果你觉得自己不是上网老手,那就记得问一下有哪些技术培训和IT支持;如果回答是"没有"的话,就问问别人,因为不是每个人都知道有什么提供。

单位的网页几乎总是及时更新的,因此每次登录都要检查一下,以防规则和提供的服务有变化。

上网检索的十大指南

几周前我问过卡蒂·霍恩(Katie Horne)文献检索是否有专门技巧,她是我的朋友,也是个专职研究者。她询问了同事,他们一起写出了下面的"上网检索的十大指南"(Horne,2004),用作本章的总结,取代往常的清单。在第7条,你会看到她敦促我们采取措施避免垃圾邮件。我从未想到这点,因此这充分显示了经常与他人交谈总会学到一些有用的东西!

1. 给自己充足的时间。不会无缘无故叫"万维网"(World Wide Web)的!网上有大量的信息,也有大量的死胡同,因此在项目计划内为检索分配足够的时间很重要。反过来,给自己设限也很重要。上网检索会上瘾,因此很难知道该在哪儿划定界线。即使可能有一些网站在整个项目进行过程中你会想回去看看那些更新的信息,但保持网络检索与文献综述其他部分的合适比例也很重要。

2. 乐观点儿!开始时准确输入你要找的东西,比如,"高等教育中成年学生的学习障碍"。也许你很幸运,如果不走运,看搜索引擎认为相关的那些内容也很有趣。

3. 为检索限制做准备。在开始前,考虑一下你准备怎样框定你的检索,就像期刊检索那样。还有什么其他的检索词语可用,比如,"学习中的成人参与"(adult participation in learning)?好好考虑一下你是否想将检索只限制在英国的网站(大多数搜索引擎会让你指明这点)。根据参考文章的年代或部门分类给自己设定检索范围,这也是值得做的。

4. 了解搜索引擎。不同的搜索引擎有不同的支持链接，因此尝试多种搜索引擎很重要。最著名的有谷歌（Google）和雅虎（Yahoo），但还有其他几个。也有像谷歌学术网这样的专门网站，因此值得花时间看看这些网站哪一个将提供与你的检索最相关的点击。

5. 找到了什么就别丢了！值得把你找到的网页的准确网址（URL）记下来，因为有时可能会浪费大量的时间去追溯先前的步骤，尤其是因为搜索引擎提供的链接会变动，这取决于网站获得的点击量和新网站的建立。然而，记下网站不一定够，因为有时网站很复杂，要重新找到你原先找的那个网页可能很难。你倒不如保存网页，这是脱机使用信息的便捷办法。尽量养成在新窗口打开网页连接的习惯，因为有的网站不允许你返回。

6. 不要低估新闻。像《卫报》（Guardian）和英国广播公司（BBC）的网站已经有专门的教育和其他专业栏目。这些不仅提供了最新情况，可以帮助你让研究跟上时代，而且包含了值得参考的报告或相关组织的链接。

7. 避免垃圾邮件。在你可以获取信息之前，很多网站会要求你注册；大多数情况这只是帮他们监控谁在使用网站。注册通常意味着输入你的电子信箱，不幸的是，这又可能意味着你的名字进入了电子信箱列表，将会开始接收垃圾邮件。避免这种情况的一个办法，就是在雅虎和 Hotmail 之类的免费网站建立一个研究专用信箱。这样你就可以监控这个信箱地址，接收那些有用的电子邮件；一旦用完就关闭这个账户，这样你就不会在主信箱收到自己不想要的邮件。

8. 构建交际网——老式的典型。与你所接触的人交谈是发现最相关的网站和搜索引擎的最佳途径。看看你的同事建议你使用哪些搜索引擎，看看他们是否在任何相关网站栽了跟头。有这么多获得信息的途径，口中说出的话可以节省许多时间，但是不要仅限于在你的进程中与他人交谈。与经常上网的任何人交流很值得。

9. 编制参考文献。随着越来越多地从网上剪切和粘贴，可能很难跟踪信息是从哪儿来的。因此,无论何时粘贴了信息,也得粘贴网页的链接。值得指出的是,由于网上内容转瞬即逝的性质,你也需要把你登录网站的准确时间和日期编进参考文献。

10. 保持耐心,坚持不懈! 由于包含大量的可用信息,网络对于研究者而言是一件无价的工具。由于大量的无效链接和——老实说——那里产生的垃圾,它又是一件难以置信地令人沮丧的工具。上网检索可能非常令人沮丧,经常感觉就像大海捞针,但一旦你捞到了针,那么所做的任何事都是值得的了。

电子信息资源

网络包含了大量的信息,因此会存在问题。你并不是对所有的信息都感兴趣,而是只对那些与课题相关的感兴趣。如果你是在线检索的新手,那么下列网页地址(URLs)可能会给你一个开端,但就像我在本章前面说过的,可以问问朋友、同事、导师和专门的图书管理员,哪些搜索引擎和数据库可能提供便于用户获取的所需信息。

搜 索 引 擎

记住,搜索引擎和/或数据库帮助热线经常会为你提供获得有关捷径的有用提示,因此哪儿用得上就两样都用吧。

1. **谷歌**(http：//www.google.com)据说是今天使用的最流行的搜索引擎,很多文献检索者数年来都依靠它。然而,**谷歌学术网**(Google Scholar)的发展对**学术**研究而言是很有价值的新事物。除非有别的建议,你或许会想首先尝试使用这个：http：//www.scholar.google.com/。在诸如"检索与索引"(Searching and indexing)、"访问与引用"(Accessing and citing)和"关于**谷歌学术网**"(About Google Scholar. http：//scholar.google.com/scholar/about.html)等标题下,针对"经常问到的问题"(Frequently asked questions),它包含了很多有用的内容,很值得参考。

2. 雅虎（http：//search.yahoo.com/）是另一个看上去很好操作且易接受关键词的大型搜索引擎。

3. **AltaVista**（http：//www.altavista.com），跟**谷歌**、**谷歌学术网**、**雅虎**一样，也包含了大量的网页。我发现这里的帮助热线不像别的引擎那样有帮助，但检索可以获得合理的结果。有人告诉我们，如果进入 www.altavista.com 的浏览器，这个灵巧的搜索引擎会知道我们在英国，会让 www.altavista.co.uk"为我们服务"。这"提供本土内容"，并允许我们用英语搜索英国网站。这看上去似乎很有用，而如果我们打算从所有地方搜索所有东西，我们可以点搜索索框下面的"世界范围"（Worldwide）按钮。

4. **Metacrawler**（http：//www.metacrawler.com）的"meta"是因为它允许我们检索不同的搜索引擎和数据库——并选择用哪个。可是它经常很忙，而且我觉得很复杂。但不要听我的，我可不是电脑高手。

因特网网关

这些是选择和评价网站并系统地排列资源的指南或目录——极像图书馆。它们提供了在指定标题下以字母顺序排列且有注解的资源，这很有用，因为这能提示你课题的哪个方面可能值得深入探索。

社会科学信息网关（Social Science Information Gateway, SOSIG. http：//sosig.ac.uk）是个有用的网关，它提供了社会科学、教育及研究方法方面很多高质量的网站。资源由图书馆员和学科专家提供。

数据库、书和期刊文章（及少量其他资源）

1.《附摘要的申请大不列颠和爱尔兰大学高级学位论文索引》(*Index to Theses with Abstracts Accepted for Higher Degrees by the Universities of Great Britain and Ireland*)，已出版，也可

以在线查阅：http：//www.theses.com/。

2. **Whitaker** 的《在版书》(*Books in Print*)通常可以在图书馆的参考书部找到，但也可以通过 http：//www.whsmith.co.uk/uhs/Go.asp 检索。这个以前在网上书店可以找到，但如果你尝试进入"网上书店"(Internet Book Shop. http：//www.bookshop.co.uk)，你将会转到 WHSmith 的网页。

3. **REGARD** 是"经济和社会研究委员会"(Economic and Social Research Council)的数据库，容纳的是由经济和社会研究委员会(ESRC)提供的信息。可以登录 http：//www.regard.ac.uk/。

4. **埃里克美国教育部**(Eric US Department of Education)是个庞大的教育数据库，可以直接登录 http：//www.eric.ed.gov 或者通过 OCLC 的"先搜"(FirstSearch. http：//www.oclc.org/support/documentation/firstsearch/databases/dbdetails/details/ERIC.htm)进入。它包含了索引、摘要、会议记录、报告和《英国教育索引》(*British Education Index*)所列的很多期刊。我发现它们的在线同义词典（也还有其他的）很有用，可以提醒我英式和美式拼写的各种不同之处。你需要一个 ATHENS 的用户名和密码。

5. **WorldCat** 也可以通过 OCLC 的"先搜"(http：//www.oclc.org/firstsearch/content/worldcat/default.htm)进入。这是一个由 50 540 家图书馆提供的包含数百万条书目记录的惊人数据库。它包含了全文电子书籍和期刊、网页文章、音像制品。它甚至能告诉你自己图书馆的选集。很惊人！

6. **期刊文章**可能会提供比图书更新的参考文献，如果由于任何原因不能从 WorldCat 上找到自己需要的东西，那么可以登录 http：//www.scre.ac.uk/is/webjournals.html 看看有什么提供。有的出版商和信息提供者会给你进入文章全文的免费入口。

7. **世界教育文化统计数据库**(Statistical database on education and literacy worldwide)基于联合国教科文组织(UNESCO)

的统计数字,可以通过 http://www.unesco.org/en/about 获得。

8. **英国官方统计出版物**(UK Official Statistical Publication)可以通过"国家统计办公室"(Office for National Statistics)的网站获得,见:http://www.statistics.gov.uk/。

9. **教育与科学部**(Department for Education and Science, DFES)的统计结果可以通过 http://www.dfes.gov.uk/index.htm 获得。

10. **文书局**(Stationery Office. http://www.tso.co.uk/)收录了一些官方文件的全文。

图 书 馆

1. **在英国使用学术图书馆的条件**可以查找单个图书馆的网站,通过伍尔弗汉普顿大学(University of Wolverhampton)的英国遥感测绘地图找到,见:http://www.scit.wlv.ac.uk/ukinfo/uk.map.html。这里提供了有关英国高等教育中各图书馆的免费信息及其书目。这对那些准备在主校区之外进行大部分检索的人和希望进入离家较近的图书馆的人特别有用。它提供了特别馆藏的有用信息,甚至还有平时或假期的开馆、闭馆时间。去之前最好还是检查一下,以防规则有变化。

2. **公共图书馆书目**。很多公共图书馆都有它们的在线书目,并且馆藏可以登录 http://dialspace.dial.pipex.com/town/square/ac940 查询。

3. **COPAC**(Consortium of University Research Libraries Online Public Access Catalogue,大学研究图书馆在线联盟公众访问目录)通过 http://copac.ac.uk/copac 提供访问英国和爱尔兰最大的大学研究图书馆书目的入口。

4. **英国图书馆在线公众访问目录**(British Library Online Public Access Catalogue)收录了 10 000 000 条资料记录,包括人文(1975—)、科学、技术和商业(1974—)、回忆性作品(1975 以前)、音

乐（1980—）和音乐（1981 以前）方面的图书、期刊和会议记录等。还提供了有关环境、保健和社会科学的链接。也许这里比我们研究需要的内容还多，但确实很丰富。可以通过 http：//www.bl.uk/catalogues/blpc 免费访问，每天 24 小时、一周 7 天都可以使用。

引用和参考文献

在第 4 章，我说过，当报告文本中援引资料（那就是"引用"）时，在参考文献或参考书目列表中必须给出完整的信息。在这个意义上，参考书目将包括所有的——或者至少包括研究过程中参考的许多资料，而报告结尾的参考文献列表将包括你引用的所有资料。研究报告并不是一般都要求参考书目，但还是按你单位和部门要求的步骤走吧。

1. 一旦你知道了怎么做，提供图书、期刊文章和书中篇章的完整的信息就很简单了，但是，要知道怎样给从报纸、万维网、因特网、在线期刊、广播报道以及好些别的信息源获得的资料编制参考文献就比较成问题了。如果你采用了这些资料，那么还是通过 http：//www.unn.ac.uk/central/isd/cite 的"正确引用"（Cite Them Right）核查一下。

2. 知识网（Web of Knowledge，WoK）是以曼彻斯特大学的曼彻斯特计算机中心的 MIMAS（http：//www.mimas.ac.uk/）为主机运行的。它包含了三个非常大型的数据库，即科学引文索引、社会科学引文索引和艺术人文引文索引。如果你是英国高等教育或继续教育机构的成员，你就有权进入并获得 MIMAS 的大多数免费服务。也许你需要通过你的 ATHENS 的用户名和密码在线注册，才可以检索多数站点，而有的只有通过网站订阅才可使用。

你可以通过主题、地点、人物或全面检索。索引、参考文献或引用都在期刊文章结尾列表标出。

MIMAS 提供了一个服务台，可以打电话 0161 2756109（请求ISI知识网支持),或者发电子邮件：wok@mimas.ac.uk。

3. **尾注**(EndNote)：www.endnote.com(图书馆经常有可供参考的指南)。你的学术图书馆可能已经购买了尾注(EndNote)、参考文献管理器(Reference Manager)和/或Pro-Cite的站点许可,通常可以在校园的PC中心在校使用某一个或者全部。我在第4章讲过,为了能够在家使用这个软件,你有可能可以购买一份学生的站外使用许可。图书馆、计算机中心或IT部门将会给你建议,并且,我希望,有必要的话也给你支持和培训。

健康和道德

1. **皇家护理学院**(Royal College of Nursing, RCNONLINE)：www.rcn.org.uk。

2. **《健康教育研究》**(*Health Education Research*)是由牛津大学出版社发行、斯坦福大学图书馆的高空钢丝出版社(High Wire Press)协助发行的一种期刊。它允许你通过http://www.her.oupjournals.org/检索文章和浏览档案文件。

3. **卫生部的研究与开发**(Department of Health research and development)包含了对研究者、公共卫生和社会保障工人有益的信息,可以通过http://www.doh.gov.uk/research/index.htm获得。

4. **卫生部的统计资料**(Department of Health statistic)可以通过http://www.doh.gov.uk/public/stats1.htm找到。

5. **《考迪科特报告：关于患者可确认身份信息的评论报告》**(*The Caldicott Report on the Review of Patient-Identifiable Information*)。1997年12月,卫生部。通过http://www.doh.gov.uk/ipu/confiden/report/recs.htm可以看到一些建议。

6. **《1998年数据保护法案：介绍》**(*Data Protection Act 1998: An Introduction*)。可以登录http://www.doh.gov.uk/

ipu/confiden/report/report/recs.htm 看到主页。

7.《**有人参与的研究行为道德准则**》(*Ethical Principles for Conducting with Human Participation*)由英国心理学会(British Psychological Society,BPS)出版,可以通过 http：//bps.org.uk/documents/code/pdf 获得。这对于与知情同意和保密原则相关的问题尤其有用。

6　文献综述

哈特(Hart)认为文献综述很重要,因为:

> 如果没有它的话,你就不能了解你的课题、已经有过哪些研究、研究是如何进行的、主要问题是什么等等。在你的书面计划中,你需要呈现自己了解前人对该课题的研究。这等于表明你已经了解该学科领域的主要理论及其发展和应用,同时还了解对该课题的已有研究工作的批评。
>
> (Hart,1998:1)

在哈特看来,"文献综述因此是你的学术进展的一部分——成为该领域专家的一部分"(p.1)。在大多数博士研究中,会要求一份批判性的文献综述,但持续两到三个月的项目就不会有那么雄心勃勃的要求了。如果导师同意,你也许可以决定省去最初的综述。然而,仍然需要有阅读的证明;并且,无论研究任务的规模如何,产生那种证明的步骤是大致相同的。

批判性的文献综述

应牢记在心的一个要点是,综述应为读者提供一幅对学科的知识现状和学科的主要问题进行描述的图画,尽管这会受限于短期项目。从道理上讲那听起来似乎是够容易的,但实际上却会证实那绝不容易。海伍德(Haywood)和雷格(Wragg)不屑地说,批判性评论多半就是不加批判的评论——他们将其描述为:

> 在家具销售目录中,无论它处理得多么精巧,每样东西都值得用一段文字介绍:布洛格斯(Bloggs,1975)找到了这件,史密斯(Smith,1976)找到了那件,琼斯(Jones,1977)找到了另一件。布洛格斯、史密斯和琼斯(1978)在天堂里找到了幸福。
>
> (Haywood and Wragg,1982:2)

他们提醒我们,做一份能证明"作者已经对该领域的工作进行了深入研究"(p.2)的综述需要一些原则。做一份家具销售目录很容易,只需收集事实并描述它就可以了,但是做一份"批判性"的综述可没那么容易。它涉及质问假设、对没有提供证据的主张提出质疑、将某个研究者的发现跟其他人的进行比较思考和评价。所有的研究者都收集了许多事实,但是接着必须进行选择、组织,并把结果进行系统分类。弗玛(Verma)和比尔德(Beard)同意说,文献综述必须辨别并解释事实之间的相互关联,但他们也认为:

> 研究者必须给出一个概念或建立一个能解释事实和事实之间相互关系的理论框架……理论的重要性在于帮助研究者总结以前的信息和指导他以后的行动路线。有时,理论基础可能会指明漏掉的观点或关联以及要求增添的数据种类。因此,理论是研究的基本工具,它会推动知识向更深层次的进展。
>
> (Verma and Beard,1981:10)

这里出现了与"理论"及"理论框架"的意义相关的许多问题,因此在我们看一些优秀的文献综述摘录之前,也许我得确保在谈到"理论"时我们指的是同样的东西。而这又会出现一些小问题,因为不同的人对于意义的看法稍有偏差。

理论及理论(或概念)框架

人们曾将"理论"解释为"关于人和社会的揭示其规律及其关系的一系列相关的抽象命题"(Brewer,2000:192),或者解释为"关于事物之间相互关系的命题"(Denscombe,1998:240),或"在最低层次上,理论可以是个特别的分类体系,由组合与总结经验性观察的类别构成"(Bowling,2002:139)。她接着说:

> 它可能是个分类系统,该系统是一个描述性的类别体系,是为了描述类别之间的关系以适应经验性观察而建构的(比如,在卫生保健预算中:用于紧急服务、非紧急服务和卫生宣传活动等项花费)。
>
> (p.140)

然而,它可能而且经常仅仅用以指称从出版文献得出的某学科的知识现状——即沃尔科特(Wolcott,1992:3—52)描述的"理论居前",而不是"理论居后"。潘趣(Punch)对二者进行了如下区分:

> 在理论居前的研究中,我们从理论出发,从中演绎出一些假设,并设计一项研究来检验这些假设。这是理论证明。在理论居后的研究中,我们不是从理论出发。相反,目标是以理论结束,从我们采集的数据中系统地得出。这是理论总结。
>
> (Punch,1998:16)

采用"理论居后"的方法之前得小心点儿,主要是因为它要求采集大量的数据,这就不可避免地会超出多数小规模(或有点儿小的)研究的时限和范围。对于博士研究,不是不可能,但仍然很难。

科恩(Cohen)、马尼恩(Manion)和莫里森(Morrison)指出,有时可以用"图解"取代"理论"或与"理论"交替使用:

> 二者都可以看做是解释性的手段……虽然图解通常是以通过类推而给特定现象以更形象的描述为特征。假设图解准确而未歪曲事实,对于达成明晰的效果和聚焦于关键问题将很有帮助。
>
> (Cohen,Manion and Morrison,2000:12—13)

我特别喜欢迈尔斯(Miles)和休伯曼(Huberman)极好而清晰的陈述,这陈述针对的是他们认为是理论建构和概念框架的东西。他们写道:

> 理论建构依赖于一些"一般"概念,这些概念包含了堆积如山的"特殊"。像"压力"、"角色冲突"之类的术语是典型的标签,我们给那些装了大量单独事件和行为的箱子贴上。在给一个箱子分配一个标签时,我们可能知道也可能不知道箱子里装的东西是怎样组合在一起的,或者这个箱子与另一个箱子的关系如何。但任何研究者,无论用怎样的方法进行归纳,都知道从哪个箱子开始,以及一般装的会是什么。箱子来自理论和经验,也(经常)来自构想中的研究的总体目标。排列这些箱子,给每个箱子一个描述性或推论性的名称,弄明白点儿它们之间的关系,这就是概念框架的所有内容。
>
> (Miles and Huberman,1994:18)

标签不重要,但是制定研究如何执行与分析的地图或框架的过程却是重要的。就像波利特(Polit)和亨格勒(Hungler)所指出的:

> 框架对于集中和总结累积的事实是非常有效的机制……将结论连接成一个连贯的结构就使得累积的知识体更易于理解,也因此对于寻求践行结论的实践者和寻求拓展知识基础的研究者都更有益。
>
> (Polit and Hungler,1995:101)

因此,理论框架是一种解释性的手段,"它以图表或叙述的形式,解释主要研究的事物——关键因素、概念或变量——以及对它们之间推测的关系"(Miles and Huberman,1994:18)。它"对于集中和总结累积的事实是非常有效的机制……使得累积的知识体更易于理解,也因此对于寻求践行结论的实践者和寻求拓展知识基础的研究者都更有益"(Polit and Hungler,1995:101)。

我发现"理论"和"理论框架"在一些场合有各种各样的用法,这取决于各个研究者的阐释和理解。对于除非有个合理的"理论基础"否则研究无法进行的观点,有时我也的确担心,主要是因为我并不很明确在所指的一些研究项目中那意味着什么。这些问题需要讨论一下,否则,"那些本来可能成为关于理论的有知识准备的对话机会——以及关于理论所起作用的伴随观点,却被解释成障碍"(Wolcott,2001:80)。我希望你们总能与导师进行"有知识准备的对话";如果你对术语、原理、涵义及观点还陌生,就得要求说明。

实践中的"批判性综述"

在确定关键词、主要问题和类目等方面已做的所有工作,现在可以帮你建立文献分析与综述的框架了。即使所有必要的基础工作都做了,困难依然可能存在,相当重要的原因是任何涉及人类的研究都得考虑难免的大量参变量,这就很难建立行为或经验的普通模式。于是就有了以不同基础开始的研究者的困难,以致进行恰当的比较就成问题了。然而,尽管困难在任何文献综述的形成过程中都存在,还是让我们来看看三份成功综述的简短摘录吧。前两份都是由初次研究者写的。第三份由两位非常有经验的学者和研究者写成。

克莱拉·奈(Clara Nai)的综述

第一份摘录来自克莱拉·奈的文献综述。她在研究新加坡机场成人工人的、她描述为继续学习的障碍。她稍详地讨论了自己的方法、其他研究者采用的方法,以及在综合那大量有关学

习障碍的所获信息时她面对的难题。她阅读了大量材料,面对的困难通常是把她认为重要的研究结果归类。她写道:

> 读了这么多材料,我花了一些时间来理顺我在一份浓缩的综述中所能呈现的内容。印出来的作品中只出现数月辛苦阅读的一小部分,这看起来很不公平。把感情因素放在一边,我已经决定……为了易于整合,要把影响参与的因素在一些主要标题下进行归类。
>
> (Nai,1996:33)

我猜想许多研究新手和有经验的研究者对克莱拉·奈的恼火都会同情。阅读中早一点认定类别是有帮助的,即使有些得排除,另一些要添加;但是如果没作这种努力的话,那么最终确定类别就变得非常困难而且非常费时。克莱拉·奈明智地考察了其他研究者对结果进行分类的方法,并且决定用克劳斯(Cross,1981)采用的方法,把那些因素大致归入环境上的、制度上的和性格上的学习障碍。只要这方法的来源是人们认可的,研究者就没有理由不该采用其他人创立的方法。

标题的选择很管用。这里没有足够的地方再作一个全面的评述,但是我希望,下面从克莱拉·奈的"制度上的学习障碍"这部分摘录的内容,提供了她如何处理这项任务的一个构想。

> 制度上的障碍在重要性方面排第二,排在环境上的障碍之后;在多数调查的应答者中,占潜在学习者的10%到25%(Cross,1981)。它们常常是政策制定者、人力资源部的职员或教育提供者并非有意设立的政策和程序。
>
> 克劳斯把制度上的障碍分为"时间安排的问题"、"位置/交通问题"、"缺乏有兴趣的、实用的或相应的课程"、"注册程序问题"、"严格的入学标准"和"信息匮乏"。其中,多达四分之一的人认为位置不便、时间安排不便和缺乏有兴趣的或相应的课程是参与学习的最大障碍。
>
> (Nai,1996:35—36)

最后,她得出结论认为,在英国和美国主动为成人学生清除各种制度上的障碍,相关的研究报告并不是令人鼓舞的。想继续受教育的成年人会遇到很多确定的障碍。即使有些高等教育机构开始重新安排上课时间、为经济贫困的学生免除学费或减少收费,结果发现,很多成年人依然面临着复学的困难。

这段摘要虽然简短,但是否至少开始为你提供了关于制度上的障碍问题的一些背景,以及关于克莱拉·奈如何对其发现进行分类的一些背景?

吉尔伯特·范(Gilbert Fan)的综述

到接着看第二份综述的时候了,这是由吉尔伯特写的。在做研究时,他是新加坡一所卫校的教师,参与了他单位的护理文凭学习计划。他知道国内和国际对护理教育都有一定担忧,包括护理学习计划的入学人数下降、护士地位的明显低下——有人认为这造成了招生困难——以及导致护士不足的高耗损率。他断定,学生具体方面对文凭学习计划的理解和总的方面对护理职业的理解如何,对此进行的一项研究对他很有帮助,并且也可以帮助学校以学生的视角来理解这项计划。

他进行了广泛的阅读,因此文献综述很全面。他知道不能包含所有的资料,因此他决定采用一些自己特别感兴趣的特定话题,把自己发现的东西归入。虽然在新加坡极少相关的研究,但他发现还是有很多可以从其他国家选择的,主要是美国、英国和澳大利亚。他把发现的东西归入下列标题下:

- 护理教育的入学人数减少;
- 课程、护理教育的类别和护理能力;
- 护理教育计划中的教学和临床指导;
- 护理教育与职业的关系;
- 作为职业选择的护理。

上述每个话题都进行了全面探索和文献引证,综述写了32页——超过了硕士学位论文的要求,但吉尔伯特就是这么极端全面。这段短短的摘录,只有半页,是关于入学人数减少那部分的一小段,但我希望可以给你一个概念他是如何处理任务的。

> 皮利特里(Pillitteri,1994:132)看到护理教育计划中入学人数的减少对于这个职业将是一个严重的隐忧;奈勒(Naylor,1990:123)指出,在美国,从所有的护理学习计划中新毕业的学生总数将从 1985 年的 82 700 人减少到 1995 年的 68 700 人。造成这种下降的原因之一,就是学生没有感觉到将护理作为终身职业的吸引力。大量媒体对护理的不实描述和女性在今天可以进入的替代职业使得这种感知更为恒定了(Brooks,1989:121;Fagin *et al*.,1988:367;Kelsey 1990 cited in Pillitteri,1994:132)。
>
> (Fan,1998:31)

后面的段落更进一步处理从全部四个国家(美国、英国、澳大利亚和新加坡)得出的研究发现,尽管每个国家的护士教育体系不同,但还是查明了招生数减少而人员缺口大的类似原因,即护士教育的传统结构、缓慢的职业发展、对工作的不满意、僵化的工作时间安排、人员的不足、低工资、家庭的责任、家庭的重新安置、不提供支持的导师及事业发展机会的缺乏等。每一条他都列出资料来源的人名、日期和页码,当然,每一条的详细信息都列在论文结尾的参考文献完整清单中。

吉尔伯特在五个主标题下对其发现进行分类做得很好,每一个主标题都有子标题。即使有正在进行的记录、归类与再归类的工作,完成这份综述也定是不容易的。然而,他完成了,不仅完成了优秀的文献综述,还完成了优秀的论文。

理查森(Richardson)和沃德雷(Woodley)的综述

接着来看第三个例子,那是一篇期刊文章的简短摘录,文章由理查森和沃德雷所写,题目是"再探作为高等教育学术成就预兆的年龄、性别和学科的作用(Another Look at the Role of Age, Gender and Subject as Predictors of Academic Attainment in Higher Education)"(Richardson and Woodley, 2003)。他们俩都是有经验的研究者,并且在过去数年里就这个课题写了大量的研究文章(Woodley,1981,1984,1985,1998;Woodley and McIntosh,1980;Richardson and King,1998)。

2003年,他们发表了他们更新、扩充了的调查结果,内容是关于高等教育中成年学生的学术成就的。好好看看这项研究"导言"的第一段,这里表明了他们打算做什么。他们写道:

> 在本文中,我们考察了作为高等教育学术成就预兆的学生年龄、性别和所学科目的作用,具体地,就是由英国高等教育机构授予的第一学位的种类的预兆。在过去的30年里,已有不少人对这个课题有兴趣,我们的分析就建立在以前数项研究发现的基础之上,这些研究考察了英国大学毕业生的成就。
>
> (Richardson and Woodley,2003:475)

接着读者就看到一个列表,列出了从1964年到2001年对英国高等教育学术预兆的前人研究。他们接着就在下列标题下分析自己的发现:年龄与学术成就;性别与学术成就;学习科目与学术成就。紧接着就列出与年龄、性别和学习科目相关的差异与分类。下面一段就摘自他们的"年龄与学术成就"那部分:

> 年龄作为学术成就的预兆,对其所起作用的兴趣源自对年长者的传统思维,认为人老了在智力上必然有不足(Richardson and King,1998)。对不同年龄组进行比较的代表性研究表明,在18至60岁之间智力上有轻微的衰退,其后可断言衰退更多(e.g. Nyberg et al.,1996;Verhaeghen and Salthouse,1997)。然而,这结果会受到一代人的生活阅历差异影响;对同一组进行不同年龄阶段的纵向比较研究表明,在60岁以前并没有发现统计意义上的衰退(Schaie,1996:107—136)。观察到与年龄相关的表现的变化,一般都是信息处理能力的降低,而使用已储备信息的能

第一部分 确定讨论的范围

力往往不受影响(Klatzky,1988;Nyberg et al.,1996)。因此没有理由认为,在要求追忆知识的情况下,随着年龄的增长成就会降低(Baltes et al.,1984),除非他们面临时间的压力(Verhaeghen and Salthouse,1997)。当然,有种情况适合后面的描述,那就是传统的闭卷考试。

(Richardson and Woodley,2003:477—478)

再读一遍,但这次也许得慢些。注意理查森和沃德雷使用的语言,注意他们从研究发现中得出的结论的谨慎以及对一些发现进行限定的方式。如果有时间的话,就阅读全文,检查一下他们对发现进行分类的方式。

重 述 综 述

再看看这章的全部三个摘录。理查森和沃德雷在进行2003年的论文工作以前,已经掌握了有关其课题的广泛知识,他们能够对有关年龄、性别和学习科目对学术成就的影响的先前研究做一份详尽的综述。克莱拉和吉尔伯特是初次研究者,虽然与其工作相关问题他们已经了解了很多,并且很早就确定了感兴趣的课题,但他们没有与前人研究相关的坚实知识库的优势。没有人要求他们得做一份与其课题相关的研究发现的详尽综述;对他们而言,对所选文献做一份相对简洁的综述就足够了;可能的话,得出一些结论来;牢记提出主张时应有的谨慎。他们关于可能的标题、分组和类别的早期想法建立在个人的和职业的经验基础上,在阅读过程中不断添加、调整甚或完全改变。

谨 记!

阅读其他研究者所做的,我们可以学到很多。批判性地看待你碰到的所有综述。问问自己它们是家具销售目录还是精心组织的与课题相应的报告。研究结果如果是无原则地使用的话,那可能会很危险。当看到"研究证明 x 或 y"却没看到支持这项主张的确切证据时,我感到有些担心。注意你的语言! 推论也许能够得出,结果"可能显示",但记住,任何与人有关的研究,"证据"都是很难取得的。

文献综述清单

1. 任何研究都需要阅读的证据。虽然在小规模的研究中,可能不必要做了一份完整的文献综述。
2. 研究者收集了很多事实素材,但必须以一致的范式对发现进行选择、组织和分类。目的是做一份批判性的文献综述,而不是罗列你阅读过的所有东西。
3. 你的框架不仅提供了研究如何进行和分析的地图,而且它也会给你有关文献综述结构的一些念头。这可以帮你整合和概括事实及发现。
4. 文献综述应该简洁,在小规模的研究中也有可能的话,也应该给出你课题领域的知识现状和主要问题的情况。如果你已将读过的内容在分组、类别或标题下进行分类,那么写综述就会相对简易一些。
5. 确保所有的参考文献都是完整的。注意引文和转述的优秀观点的页码。不能不注明来源就使用。如果这样做了,可能会有剽窃的问题。应该让任何读者都能找到你的资料出处。
6. 注意你的语言。也许推论能够得出,但与人相关的研究很难获得"证据"。如果你提供的证据无法证明,就不要提出那样的主张。再看看理查森和沃德雷的文章摘录中的措辞。
7. 在决定使用前,批判性地检视一下你的资料。有没有偏见、不恰当的语言或者错误的主张?你能相信作者的判断吗?
8. 记住,除非进行恰当的比较,否则就不能提出有关可比性的主张。研究者经常从不同的基础开始其研究,使用不同的数据采集方法。你可能还想使用他们的发现,但得注意如何讨论。
9. 不要仅仅由于与你的发现不同,就故意遗漏那些研究报告。包容不同的结果很有帮助。讨论一下它们是否削弱了你的研究结果。

10. 在阅读的早期就开始写文献综述的第一稿。在写出条理分明的、"批判性的"报告之前,还会需要写很多稿,但最好从小的开始,然后以第一次尝试为基础进行加强,不要一下子就得搞清读过的所有东西。随着研究的继续,会删除一些条目而增加一些别的,但你已经有了一个开端。即使面对一份写得不好、不充分的综述,也比一张白纸强。

补 充 阅 读

Baker, S. and Carty, J. (1994) 'Literature searching: finding, organizing and recording information', in N. Bennett, R. Glatter and R. Levačić (eds) *Improving Educational Management Through Research and Consultancy*. London: Paul Chapman Publishing.

Blaxter, L., Hughes, C. and Tight, M. (2001) *How to Research*, 2nd edn. Buckingham: Open University Press. Pages 110–25 give really useful guidance about reading for research, sources of information in the library and on the Internet, literature searches and critical reading.

Gash, S. (1989) *Effective Literature Searching for Students*. Aldershot: Gower.

Hart, C. (1998) *Doing a Literature Review: Releasing the Social Science Research Imagination*. London: Sage, in association with The Open University (Open University reader for course D820 'The Challenge of the Social Sciences'). Chapter 7, 'Writing the Review', is helpful, though its 30+ pages are rather detailed for researchers who are not required to produce a full literature review. However, even if no full review is required, the appendices on 'the proposal', 'how to cite references', 'presentation of a dissertation', 'managing information and keeping records' and 'a checklist of dos and don'ts for reviewing' will still be useful.

Laws, S. with Harper, C. and Marcus, R. (2003) *Research for Development: A Practical Guide*. London: Sage. Chapter 12, pages 213–32 provides excellent checklists about planning, carrying out and writing up the literature, together with guidance about using a library and how to use the Internet for research.

Murray, R. (2002) *How to Write a Thesis*. Maidenhead: Open University Press. Pages 101–16 discuss definitions and purposes of literature reviews, justification for the inclusion and omission of literature and plagiarism.

Richardson, J.T.E. and Woodley, A. (2003) 'Another look at the role of age, gender and subject as predictors of academic attainment in higher education', *Studies in Higher Education* 28 (4): 476–93.

Talbot, C. J. (2003) *Studying at a Distance: A Guide for Students*. Maidenhead: Open University Press. Pages 119–24 deal with literature searching and reviewing, using the World Wide Web for research, search strategies, information about bibliographic databases on the web and off-campus access to electronic resources. Brief but helpful.

第二部分

选择数据采集方法

引　言

　　当你确定了一个课题、进行了优化并明确了目标,你就到了考虑怎样收集所需证据的地步。首要的问题不是"哪种方法?",而是"我需要知道什么？为什么？";只有到那个时候,你才问"采集信息的最好方式是什么?"和"当我有了这些信息,我用来做什么呢?"。

　　没有什么研究完全依赖于一种方法,也不能因为一种方法被贴上了"定量"、"定性"、"个案研究"、"行为研究"或其他什么标签,就排除不用。就像我在第1章中指出的那样,一些研究方法主要采用一种数据采集方法——但不是排他的。你可能会认为,利用问卷调查的研究必定是定量研究,但是它可能也有定性的特征。一般被认为是定性研究的个案研究,可能会广泛结合各种方法,包括定量技巧。选择哪些方法是因为它们会提供你需要的数据,从而进行完整的研究。必须确定对于特定的目的哪种方法是最好的,然后设计出做这项工作的数据采集工具。

条 件 限 制

　　你所拥有的时间总量将会影响数据采集的范围。看起来,这可能是一个相当消极的研究方法,但如果你是自己在做研究、没有资金,而且无论如何三个月后得提交研究报告,你就没有必要制定一个需要一年时间和一个研究小组的宏大研究计划。即便如此,如果可能,也应该努力将发现的东西进行交叉比对,而且,在一项更广泛的研究中,使用不止一种数据采集方法。这种多方法的研究被称为"三角测量"。

劳斯(Laws)指出"三角测量法的关键在于从不同的视角看相同事物,因此能以用另一种方法获得的发现来确证或质疑用某种方法获得的发现"。她提醒道:

> 从不同视角收集的事证可能根本无法整齐匹配。它们之间可能存在错配或冲突。错配并不一定就意味着数据采集过程有问题——这可能是因为人们对相似的现象有不同的解释。你要批判性地检验错配的意义,并搞清它们的意思。
>
> (Laws,2003:281)

短期研究者的问题之一就是检验并理解错配的意义需要时间,因此大多数100小时的项目很可能被限制为单一方法的研究。你只能在允许的时间内尽力做好。可能还有其他条件限制。比如,如果你想出席会议,而会议预定在你的研究期间内举行,你就会受到会议人数和时间安排的限制。人们被访谈或被观察的意愿及完成问卷或日志的意愿,难免会影响你对于采用哪种工具的决定。你也许觉得邮寄问卷可能是最适合获得某种信息的方法,但是邮寄问卷会花很多钱,所以你就得考虑能否找到资金、这项花费是否值得。

可靠性和效度

无论选择怎样的数据采集程序,都应该对这种程序进行严格的检查,从而评估它的可靠和有效程度如何。可靠性是指在条件不变的所有情况下一个试验或程序产生相似结果的程度。一座钟某些天慢10分钟,而另一些天又快了,这就是不可靠。

一个实际问题在一种情况下可能产生一种回答,但在另一种情况下又可能产生另外一种回答,这同样是不可靠。由于各种原因,征求意见的问题可能会得到不同的回答。应答者可能刚刚看了一个电视节目,对他的观点产生了影响,或者可能有某些愤怒或愉快的经历,并因而影响了他的应答。雷格(Wragg,1980:17)写到访谈时问:"两位采用相同计划或程序的访谈者能得到相似的结果吗?在不同的情况下采用那些程序,访谈者能得到相似的画面吗?"当你检查问卷中的题目或访谈计划时,这些是应该问问自己的合理问题。

有许多可检验量表和测试可靠性的办法,例如,"测试——再测试法"(第一次测试之后,过一段时间进行相同的测试)、"交替形式法"(同类的题目给出多个相当的版本,并使结果相互关联)或"二分法"(把测试的题目分成两个匹配的部分,然后把得分联系起来)。这些方法不会总是可行的或必要的,而且这三种方法都有与之相关的缺点和问题。通常,除非你的导师建议要,否则这样的检验办法就没有必要了,除非你是在尝试做一份测试题或量表。可靠性检验将用在问题的措辞和工具的试点阶段。

效度是一个总体上更复杂的概念。效度的一般定义是:它告诉我们,一个题目或工具是否衡量或描述其所应衡量或描述的。但这相当模糊,也有很多问题未回答。萨普斯福特和贾普(Sapsford and Jupp,1996)下了一个更准确的定义。他们以"效度"表达这样的意思:"用以得出可靠结论的研究设计;研究提供的证据,能否承受加于其上的阐释分量"(p.1)。他们认为得确立的是数据是否:

> 确实衡量或表明了作者的观点,并且阐释确实是从中得出的。一项研究的结构决定了可能从中得出的结论——最重要的是,不应该从中得出的结论。
>
> (Sapsford and Jupp,1996:1)

如果一个题目不可靠,那么它肯定缺乏效度;但一个可靠的题目并不一定也是有效的。它可能在所有情况下都会产生相同或相似的反应,但并不衡量它应该衡量的。效度的程度衡量可能会极为棘手,有很多差异和细部问题。对于不涉复杂测试与衡量的100小时研究项目,虽然也应该努力批判性地审视那些题目,但很少需要深入钻研效度的衡量。

问问自己,是否有别的研究者采用与你相同的研究工具,提出实际问题是否可能得出相同或相似的反应。告诉其他人(同事、试答者、同学)你在努力弄清或衡量的是什么,并问他们你设计的这些问题与题目是否可能达到目标。即使不可能满足那些研究者——他们管理着涉及大量被试的量表和测试——这个粗备的方法也至少可以提醒你在问题的措辞上需要达到某种程度的可靠性和效度。如果你在进行效度的检测,那么你可能会希望参考一下这部分结尾处补充阅读的那些条目。

是否考虑电脑数据分析?

如果你觉得可能需要利用电脑软件分析返回的结果,就应注意所有数据采集工具的设计,因为你的问题措辞方式可能会导致很难分析的应答。问一下利用电脑集成软件包分析定性和定量数据有没有什么可用的课程和建议。这些日子,简单的数据分析相当容易,不再需要或要求学习和记住那些复杂的公式。神奇吧?的确很有帮助,但不是什么魔力。人们很容易被成码成码的打印输出所诱惑,但得过滤出这些数字和纸张的含义,理解能够从中得出什么和不能得出什么。

用电脑集成软件包进行数据分析需要有所准备。开始,你得确保熟悉自己或部门的电脑能做什么。很明显?当然,但是很多新搞研究的学生很乐观地买了一台新的甚至是他们的第一台电脑,希望能简化整个研究工作。也许会的,但你得掌握相关的技术。

如果可能的话,在研究正常开始之前,弄清有没有电脑使用和电脑数据分析的课程。你单位谁可以给你建议,寻求这样的建议。如今，很多部门都有一位研究和数据分析顾问，因此得确保自己知道那个人是谁。问题的措辞方式可能会影响你所能执行的分析类型，因此，无论主要是定性研究还是定量研究，在最后确定数据分析工具之前，一定要确保让你的导师/研究顾问/数据分析顾问检查一下你的措辞。

是否不考虑电脑数据分析？

那没问题，对于小规模或相对小的、时间有限的研究，也许最好是坚持用手工方法对结果进行数据分析和解释。虽然毫无疑问它们在很多方面减轻了我们的负担，但研究并不是关于电脑的。就像我在整本书里所说的，研究就是如何谨慎地选择课题，明确研究目的，协商访问机构、资料和人员，设计合适的数据采集方法，遵守研究道德，采集、分析并解释结果，准时完成精心写就的报告。因此，该继续阅读了。

提　　醒

对于初次研究者，通常令人担心是否知道要发放多少问卷或进行多少访谈。这没有固定的规则，因此在决定进行某项会大大超出要求的宏伟计划之前，你得向导师寻求指导。你的目的是尽可能获得有代表性的应答，使你能够实现研究的目的，并为关键问题找到答案。

这里选择并设计了研究工具，使你能够找到答案。这工具仅仅使你能够采集数据，为研究工作选择最合适的工具很重要。下面的章节将带你进入这些步骤：档案证据分析，设计和实施问卷，筹划并实施访谈，日志和观察的研究。这部分很少关注数据分析，但所有数据都得进行分析和阐释才能使用，因此，第三部分的12和13章应与第二部分结合起来学习。

补 充 阅 读

Hayes, N. (2000) *Doing Psychological Research*. Buckingham: Open University Press. Pages 209–12 consider reliability in discourse analysis; pages 98–101 in psychometric tests and page 169 in qualitative research. Validity is examined throughout the book, so consult the index.

Oppenheim, A.N. (1992) *Questionnaire Design, Interviewing and Attitude Measurement*, new edition. London: Cassell. Oppenheim discusses the reliability of attitude questions, pages 147–8; of attitude scales, pages 163–6; of coding, pages 266–8; of questions, pages 144–8; and of scaled measures, pages 159–60, pages 162, 188 and 283. Validity is dealt with in even more detail, from pages 147–63. However, there is more, so once again, best to consult the index.

Punch, K.F. (1998) *Introduction to Social Research: Quantitative and Qualitative Approaches*. London: Sage. In four pages (99–102), Punch provides a brief but very sound introduction to reliability and validity. Well worth reading.

Sapsford, R. and Jupp, V. (1996) *Data Collection and Analysis*. London: Sage.

Scaife, J. (2004) 'Reliability, validity and credibility', Chapter 4 in C. Opie (ed.) *Doing Educational Research: A Guide to First-time Researchers*. London: Sage.

7　档案证据分析
布伦丹·达菲

大多数研究项目都要求分析档案证据。本章旨在解释怎样找出、分类、选择和分析档案。它的方法来源于历史的方法,历史的方法在本质上与论据选择和评价有关。冯·兰克(Von Ranke)首先开发了这些方法,而且这些方法已经影响了所有学术报告的写作形式(Evans,2000:18;Barzun and Graff,1992:5)。在一些研究项目中,档案分析用以补充通过其他方法获得的信息,例如,当检查从访谈和问卷中收集的论据的可靠性的时候。在另一些研究项目中,它将是研究的中心方法,甚至是唯一的方法。当访问研究的被试很困难或不可能时——比如这种情况:进行一项跟踪研究而工作人员却不再隶属于正在被调查的单位——这方法将特别有用。缺乏访问研究被试的途径可能让人很沮丧,但是文件或记录的档案分析可能会证明是一个极有价值的、替代性的信息来源(Johnson,1984:23)。

档案处理方法

使用档案开始研究的时候,可能有两种不同的处理方法。

一种被称为"资料导向"的处理方法;在这种方法中,让资料的性质来决定研究项目并帮助你提出研究的问题。研究项目的可行性将由现存资料的性质决定,因此一项收集得特别全面的材料——比如,关于学院重组的材料——就会引导你进入该领域的研究。对于那些资料,你可能不带预设的问题,但是你将由资料所包含的材料引导。第二种,也是更普遍的一种处理方法,将是采用"问题导向的处理方法";这种方法先通过使用别的研究方法,然后通过阅读二级资料,来设定问题。在确定研究的焦点、研究相关的一级资料(下面将定义这些术语)之前,这个方法研究该对象的已有发现。伴随着研究的进展,关于哪些资料是相关的,你会产生一个清晰得多的想法,而且随着你对对象认识的深入,你会提出更多的问题(Tosh,2002:Ch.4)。

档案的位置

为了评估你提出的研究项目是否可行,并且让你熟悉对象的背景和性质,你要用与文献检索完全一样的方法进行档案检索。档案检索可能得涵盖全国与当地两方面的证据资料。

在当地这个层次上,研究项目的性质将把你导向特定的资料。一个关于学院和它的出资团体之间的关系的研究项目,会要求对两个机构的记录进行档案检索,而且必须考虑它们的特征。如果该学院有一个学术委员会或相当的机构,它的备忘录将会是一个资料来源;如果出资机构多个部门涉入学院行政事务的不同方面,那么它们的记录就很重要。询问一个单位有什么保存的档案或收集的记录很重要。在学校里,办公室、主管团队、会计或财务主管或图书馆都保存了哪些记录?机构的个人或部门保存了哪些记录?当地的教育当局持有特定学校的记录吗?在他们处置记录之前,单位会保存多长时间?学校有法律责任要保存当年和下两年的出勤登记。然而,了解情况的意见认为,入学登记应该会无限期地保存的。中小学校长专业协会也认为,学生的记录应保存至少十年,统考的结果应无限期地保存(Croner,2002:1—360)。

当地教育当局会发布关于不同种类记录的保存指南,这些记录包括财务档案、与补给相关的档案、与职员相关的档案和普通档案等。了解当局保存和访问当地档案的要求和安排会很有帮助。维护校史上值得永久记录的事件的"学校记录"是由学校决定的。研究者可能会被机构和政府部门的官方与非官方的除草政策(weeding policy)搞得很灰心,这可能会导致销毁后来发现有意义的资料(Duffy,1998:29—30)。

自从全国性的教育系统出现以来,全国性的记录就激增了;特定的当地项目需要哪些官方资料,作出这样的决定就很重要。一个研究项目可能要求梳理政府绿皮书、白皮书、指南、政府统计、检查报告、法令、政策文件,也要求详细阅读当地的资料。网络提供查找官方档案的宝贵帮助,但作为一位研究者,你必须做好准备对别的信息资源追根究底,尤其是在当地环境中(McCulloch and Richardson,2000:86)。自然也不能假设仅因为档案存在研究者就可以使用。有些资料可能会被认为太机密而不能公开,所以得询问一下能否访问或使用。

档案证据的性质

在档案检索的过程中,摸清确切地存在哪类的档案,这是有帮助的。"档案"是一个普通的术语,指人在物质对象上留下的印记。研究包括分析照片、胶卷、录像、幻灯片和其他非书写形式的资料,所有这些都可以归类为档案,但是在教育研究中最普通的档案是印刷或手写的文字资料,因此本章就集中讨论这些东西。在性质上,资料也可以是定量的或统计的,但是,认为这些证据的所谓"硬"资料比其他类型的材料更可靠,这当然是误解。运用推荐的批判性的分析方法检查这些数字是怎样产生的非常重要。算上了什么?有多准确?由谁?什么时候?在什么地方?以及为什么?(Stanford,1994)

一级资料和二级资料

档案可以分为一级资料和二级资料。一级资料是指那些在研究期间生成的资料（例如，学校行政会议的备忘录）。二级资料是指在一级资料的基础上对那一时期事件的阐释（例如，从行政备忘录得到证据的校史）。由于一些档案从一种观点看是一级资料，而从另一种观点看又是二级资料，这一事实使得这个区分显得错综复杂。比如，如果校史的作者是研究的对象，那么其的著作对于研究者就成了一级资料。一些社会科学家狭义地使用"二级分析"这个术语来指对数据的再分析，这些数据包括诸如评论材料或其他研究者收集起来的一级资料，这不要跟二级资料的使用相混淆（Hakim, 2000）。这样的"二级分析"当然就正如这里所定义的是一级研究。

有意的资料和无意的资料

一级资料可以依次分为：

1. **有意的资料**：这是为了关照未来的研究者而提供的。这些资料包括：自传，政治家或教育家的回忆录，打算以后出版的日记、书信或自我辩白的档案（Elton, 2002）。它们包含为未来保存证据的有意尝试，这可能是出于自我证明或提高声誉的目的（Lehmann and Mehrens, 1971）。

2. **无意的资料**：这是研究者出于与资料的原本用意不同的某个目的而使用的。它们由地方或中央政府的工作过程中产生，也有来自教育系统的日常运作的。

这里有这种一级档案的一些例子：

- 立法机关、政府部门和地方教育当局的记录；
- 从全国性数据库中得到的证据，包括单个学校的工作成绩数据；
- 检查报告；
- 全国性调查；

- 专业协会、学科教学协会和工会的出版物；
- 学术委员会、高级管理团队、中层管理会议、科系、工作小组、职工会议和家长协会的备忘录；
- 教育机构的来往信件；
- 领导者的年度报告；
- 手册和简介；
- 试卷；
- 出勤登记；
- 个人文件；
- 招工公告；
- 选项档案；
- 公告；
- 期刊和报纸；
- 预算书；
- 学校或学院的网站和其他因特网材料。

这些无意的档案是更普遍并且常常是更有价值的一种一级资料。它们的产生是出于当时的实际目的，因此比有意的资料似乎更直接一些。可能是这种情况，但是对于这些资料仍然要特别小心，因为不能忽视这些情况：无意的档案原来意图欺骗研究者以外的什么人，或者起初呈现为无意的档案（例如一些政府记录）的东西实际上试图向后人证明某些行为（Elton，2002：71）。由学校为检查而制作的某些档案，目的可能是尽量给检查者留下良好的印象；如果不是临近的检查，学校作出的政策宣示和工作安排就可能不会这么丰富，员工手册就可能不会这么及时更新。

觉察到的和未觉察到的证据

关于档案性质的最后一点涉及"觉察到的"和"未觉察到的"证据。觉察到的证据是档案的原作者想要透露的信息。未觉察到的证据是能从档案中了解到的其他各种信息（Marwick，2001：172—179）。例如，如果一位政府部长做了一个演讲宣布一项提议的教育改革,那么觉察到的证据就是演讲中陈述的有关提议的变革。另一方面,未觉察的证据可能来自部长在他或她所用的语言中无意中透露的任何潜在的假设,也来自政府已选择特定方法宣布改革这一事实。如果让一位次长来宣布减少教育支出,这就很可能暗示更高职别的同事预料政府会受到批评。所有的档案都提供了未觉察的证据,但尽力评估它的准确意义是研究者的任务。

档案的选择

在你的这个研究阶段所能支配的时间量肯定对你能研究的档案材料的数量有影响。通常,分析每份材料是不可能的,所以你必须决定选择什么。对不同类型证据的熟悉将帮助你决定什么对于该研究项目十分重要,然后就需要"受控的选择"来确保没有遗漏重要的类型(Elton,2002)。尽量不要包罗太多有意的资料,也得注意不要只是根据它们怎样有力地支持你的观点或假设来选择档案。你的目标是尽可能作一个均衡的选择,并且把时间限制牢记在心。定期检查你的进度表,如果发现你已经占用了分配给下一个研究阶段的时间,那么你就要采取措施减少选择。你对什么会有价值的感知将随着研究项目的进展而增强。

内 容 分 析

在被称为"内容分析"的部分,档案的适当选择特别重要。"内容分析"被定义为"一种从数据导出在其语境中可重复并站得住脚的推论的研究技巧"(Krippendorff,1980:21)。内容分析已经被用于分析新闻报道偏见、报纸内容、教科书中的性别或种族的陈见程度、黑人和白人流行歌曲歌词的差别和历史教科书里的民族主义偏见(Weber,1990:10)。它常常包括计算特定术语或"记录单元"在资料样本中出现的次数,但是它也可能包括这样的方法,例如数一数报纸中投入一个主题的栏寸多少或出版物中的图片数量。它也可能要研究某一特定类别中的全部档案,例如学校的新闻通讯或简介;但是在其他情况下,就需要用抽样技术了。这样的一个例子可能就是在研究项目中选择一份日报,调查小报对某一特定机构或组织的态度。你可以检查一份报纸三个月以上的所有出报,或者你可以选择一年以上每个月的第一周。样本的性质必须能够保证,而且样本必须足够大,能得出站得住脚的结论。如果研究者对媒体对教师协会的报道感兴趣,那么每个月第一周的报纸抽样就很不合适了,因为对特定协会有意义的提及不可能局限在每个月的第一周。确立了所选术语的频率,你就须在解释和说明这些术语之前,能把它们放入上下文中。为了能做到这些,有必要运用下面的批判性方法。如果没有用这里建议的方法分析档案的性质,档案的内容分析在方法上可能非常枯燥,而且也可能不适合很多小规模的研究。

批判性的档案分析

外部评价

档案分析可以分为外部评价和内部评价,尽管这样可能会在很大程度上重叠。外部评价目的是要发现一份档案是否真的(即非伪造的)和可信的(即它就是它所声称的那样,并且真实报道对象)(Barzum and Graff,1992:99n)。例如,观察者可能写了一篇他从未参加的会议报道或者他从未看过的戏剧报道。他的报道是真的,因为他确实写了报道,但是这个报道将是不可信的,因为那会议或戏剧他不在场。

在外部评价中,有必要知道作者确实制作了档案,所以必须提问某些问题。如果是一封信,这些问题就可能包括:

- 有人知道写信的时候作者在信寄出的地方吗?

- 有其他资料证实那个人写了这封信吗？这封信与已知的关于作者的其他事实一致吗？
- 它采用了与类似档案相同的排列和形式吗？
- 它是作者写的其他信件或档案的典型代表吗？

你不太需要或不太可能任何赝品或骗局都去查证，但是你应该努力判断一个人是否确实创作了那份发表的演讲，或者写了有其签名的那封信。

内部评价

更可能用于小规模的教育研究中的分析方法是内部评价，在内部评价中，档案的内容常受到严格的分析。这样的分析首先就是寻求下列问题的答案：

- 它是什么类型的档案？是政府公告？法令？政策文件？一套备忘录？还是长期书信往来中的一封信？有几份？
- 它实际上说什么？使用的术语是否与你使用时的方式一样？诸如法令和法律文书这样的档案可能使用一种特殊的语言，这是必须掌握的；而私人的来往书信也可能以特殊的方式使用术语，这种方式你必须理解。这里有一个奇特的例子来自政府的学校检查用语。将教学归类为"满意"的评判事实上还是导致学校被评为失败，这是由于想象中的对学校标准的社会期待在上升，也由于检查者还考虑了诸如学生作业质量等其他因素（Ofsted，2003）。因此，在这种情况下，"满意"可能会意味着"不满意"（*Times Educational Supplement*，2003）。
- 谁制作了该档案？对于作者有何了解？
- 该档案的目的是什么？作者旨在通知、命令、提示（如在备忘录中）读者或对读者施加其他一些影响吗？档案总是为特定的读者群而写的，而且总是根据对期待读者如何阐释的预期来决定形式。同样地，在阅读行为中，读者也总是知道作者的目的和意图。

- 什么时候、什么情况下制作的档案？它是怎样生成的？
- 它是这类档案的典型还是例外？
- 它完整吗？它被变更或剪辑过吗？如果档案在其描述的事件之后很长一段时间才公布，那么它可能有更多的完善机会。

你也需要评估档案制作者的勤勉度。如果这些档案用于上诉程序或公开会议，那么工作人员就会非常认真地完成这些档案。例如，如果知道除了同事之外还有学生的家长或其他人会看档案，那么教师报告学生情况的方式就会不同。

问了这些基本的问题之后，你将要进一步询问有关作者的问题：

- 关于作者的社会背景、政治观点、目标和过去的经历都知道了些什么？
- 作者亲身经历或观察了被描述的事情吗？如果是，那么他或她在其亲眼目睹的事件方面是一位专家吗？对于描述的事件他或她是一位训练有素的观察者吗？
- 作者惯常讲的是事实还是有夸大、歪曲或遗漏？
- 事件之后多长时间，作者才制作了档案？记忆有可能出什么问题吗？

不是所有这些问题都可能对应所有的档案，但是，着眼于批判性分析，不能因表面价值而接受资料，这很重要。要仔细地检查这些资料。证据的缺口有时可能会很严重，因为这可能显示出偏见，或者显示作出的决定不理别人提议的改变。得判断某一特定的政治联系是否可能影响一份文件的语气或重点，并努力得出一个以所有可用证据为基础的结论。档案的可靠性评估必须包括"对于什么是可靠的？"问题。它是作者对一个问题的观点的可靠解释吗？换句话说，它对于那些观点有代表性吗？在更一般的意义上，它可能在某种程度上并不真实——例如，在学校按成绩分班的支持者不一定就传达出以这种方法在学校组织班级的真实效果,但是它却可能诚实而可靠地表达了这一个体对于该学科的观点。换句话说,这个资料可能是这种类型的一个可靠例子——就像从一长串的存档中取出一份档案那种情况。

事实还是偏见?

有判断力的学识的一个重要目标,就是评估一份档案的主要特征是事实还是偏见(Barzun and Graff,1992:189)。作者极少会宣称自己想当然,所以,如果可能的话,研究者的任务就是要揭露这些。特别要留意任何暗示了党派性偏见的术语。问问自己档案中提供的证据是否能令人信服地支持作者的观点。作者是与其有利害关系的某一特定做法的支持者吗?如果档案与作者自身的利益相抵触,那么这就会增加档案讲实话的可能性。作者写档案时受到了压力、恐惧甚或虚荣的影响吗(Best,1970:105)? 找找线索吧。

如果你看出有偏见,那并不必然意味着档案毫无价值、应该摒弃。在某些情况下,最有用的证据可能是从有偏见的资料中得来的,这些资料准确地暴露了某一个体或群体的真实看法。即便那"觉察到的"证据被认为不可靠,推论还是可以从"未觉察到的"证据导出。比如,课程发展的偏颇报道倒是很有价值地让人得以洞察革新过程中的政治进程。有偏见的档案肯定需要进行谨慎的分析,并需要与来自其他资料的证据进行比对,但它还是有价值的。

尽量站在档案作者的立场上,以他或她的眼光来看问题。不要一步跳到过早的结论,要有意识地寻找反证,尽可能严格地检验档案的诚实性——并警惕你自己的偏见。识别他人的偏见可能比识别自己的偏见更容易;排除不支持我们情形的证据,这很有诱惑力,但得努力抵制这种诱惑。资料可以用不同的方式阐释(即使某些资料只能用一种方式合理地理解),但是,档案有无限的意义这一后现代主义的观点已被埃文斯(Evans,2000)辉煌地推翻了。然而,档案分析的指导原则是,对每件事都应该质疑。怀疑主义的品格和移情作用都应该得到发扬。

有人可能会争辩说,这里建议的档案分析技术只是套用了常识而已(Tosh,2002:105)。这说对了一部分,但是随着你对资料研究的进行,你将逐渐获得洞察力和详细的知识,这将给你一个"更高的常识",这又进而允许你更全面地评鉴证据的价值(Barzun and Graff,1992:159—160)。最终,这批判性的方法变成了一种习惯,这习惯将让你从每份档案中——用马威克的话说——"挤出最后一滴"(Marwick,2001[1989]:233)。

档案证据分析清单

1. 决定你想怎样使用档案证据。	用它来补充其他证据资料,还是将它作为采集数据的唯一方法?
2. 决定你的档案处理方法。	你可以让原材料决定你的研究,或者,更常见的是,读完有关该学科的文献之后,你将整理出你的研究问题,并带着这些问题处理资料。
3. 进行档案检索,以确定不同信息资料的存在。	这些可能会在一个单位的不同地方找到,所以坚持不懈很重要。总是要谈判获得查看档案的权利,而不要想当然地以为你能查阅,有些信息可能是机密的。
4. 分析所用资料的性质。	有些资料将会是为了关照未来的研究者而有意提供的,但是,更常见的是,资料将在你所研究的系统/组织的日常工作中无意中产生。
5. 如果档案数量非常大,可能有必要决定采取抽样策略。	在你拥有的可用时间内,努力平衡选读档案。这策略必须适合于你的研究目的,并且能够在你的报告中得以证明。
6. 要明白在每份档案中都可能有不同种类的证据。	寻找"觉察到的"和"未觉察到的"证据。

7. 让每份档案接受批判性方法的检验，并提出一系列问题。

它说了什么？它是谁写的？为什么？它是怎样生成的？它是这类档案的典型代表吗？它完整吗？

8. 把档案与其他资料相比较，看看它是不是准确或者有没有代表性。

9. 然后进一步提出一些有关档案作者的问题。

他们的背景是什么？他们的社会观点与政治观点又是什么？他们经历或观察过他们所写的东西吗？他们通常讲真话吗？

10. 寻找档案中的偏见迹象。
11. 判断档案对于一个特定目的是否可靠。

记住，有偏见的证据也可能很有价值。将它与其他资料核查一下，以确定它的真实性。但是要记住，虽然它可能不是一个事件或进程的准确报告，它却可能可靠地表达了作者的观点。

12. 努力获得对一份资料价值的全面评鉴。

用你不断积累的知识去获得洞察力，并努力让批判性方法成为你研究方法中的一个习惯。

8 设计和实施问卷

当你已经做了所有预备工作——计划、咨询并决定你要确切地弄清的东西——之后,你才到了问卷设计阶段。只有那时你才会知道问卷是否适合于你的目的,是否可能是比诸如访谈或观察更好的采集信息的方式。如果是,那么你得确保制作一份精心设计的问卷,该问卷会给你提供需要的信息,能为被试所接受,并在分析和阐释阶段不会给你带来任何问题。

制作一份真正好的问卷可能比你想象的要难。它们极难设计,而且也不应由相信"任何能写简易英语并有少量常识的人都能做出一份好问卷"的任何人来考虑(Oppenheim,1992:1)。当然,正如奥本海姆(Oppenheim)所说,常识和写简易英语的能力对于任何行业都会有所帮助,但是设计问卷光有这些还是不够的。在问题选择、问题表达方面,在问卷的设计、试点、投放和收回方面,都需要训练。还有,在设计阶段就得考虑要怎样分析应答,而不是在问卷收回之后才考虑这个问题。如果发放问卷只期待最好的结果,你可能会发现那些收回的问卷很难处理。

你需要确切地弄清什么?

你的初步阅读和研究计划会确定重点调查的领域。回顾一下你的假设或目标,并决定你必须问哪些问题才能达到这些目标。然后,在卡片或散页上写出可能要提的问题,这有助于后面阶段的整理。你需要在措辞方面做些尝试以便于消除模棱两可的现象,达到必要的精确度,确保被试能准确理解你问的是什么,检查你的语言有没有行话,决定采用哪种问题类型,并确保你能对应答进行归类和分析。在第 12 章,有分析指导;在你完成问卷设计之前,应该仔细阅读这章。准备时多花些时间将为以后的工作节省很多时间。

问 题 类 型

问题组织得越好,就越容易分析。扬曼(Youngman,1982)列举了如下 7 种问题类型:

| 文字的或开放的 | 期待的应答是一个单词、词组或一个展开的评论。对文字问题的应答能得出有用的信息,但是分析起来可能会遇到很多问题。除非得到的信息将被用于特殊目的,否则可能要求对文字材料进行某种形式的内容分析(见第 7 章的"内容分析"部分)。例如,你可能觉得必须给应答者机会,让他们发表自己对正在研究的课题的看法——或者让他们发发牢骚。你可能想用提问作为紧接着的访谈的开场白,或者在试点访谈中提问,以了解课题的哪些方面对应答者来说特别重要,这点很重要。 |

组织得好的问题在分析阶段就不会遇到这么多问题。

第二部分　选择数据采集方法　　123

列　　表　　提供一个项目列表,可以选择其中任何一项。例如,一个问题可能是关于资格条件的,而应答者可能具有几个所列的条件。

类　　别　　应答只是一系列给定类别中的一类。例如,如果给出了年龄组(20~29,30~39等),应答者只能符合一个组。

排　　序　　在排序的问题中,要求应答者把事物进行排序。例如,可能要求应答者将性质或特征进行排序。

数　　量　　应答是表达某些特征数量的一个数字(准确的或大约的)。

网　　格　　提供同时记录两个以上问题的应答的表格或网格。

量　　表　　有各个阶段的衡量工具,可以在问卷中应用,但是要小心掌握(有关量表的更多内容见本书第12章)。

学生们发现,一旦他们尝试出并熟悉了不同的方法,来分析和表述对列表、类别、排序、量表、数量或网格等类问题的问卷应答,当他们到了研究项目的设计和分析数据阶段时,就能选择最合适的方法。

问题措辞

含糊不清和不精确

对于你来说是普通含义的单词,对于其他人来说则可能是另外的意思,因此,你必须考虑你的问题对于不同的应答者会是什么意思。例如,假定你想要了解成人学生在学习上花多少时间,你问:

你在学习上平均花多少时间?

你要求应答者在"很多"、"一定量"或"不多"后面的方框内画钩。你拿这些应答怎么办？它们会是什么意思呢？"许多"对于 A 学生和 B 学生可能意思不同。无论如何，学生可能在一年的某些时候一周花 20 小时，但是其他时候可能花的时间不超过 4 小时。什么是"平均"？如果你真的想知道学生在学习上花多少时间，你就得找到不同的方式来提问。当你考虑这个专题时，你可能得决定要求学生在特定的时间段内记日志。你可能需要指明学习不同科目的时间。这将完全取决于你需要准确地知道什么。一旦清楚了这点，你就能让问题措辞足够精确，从而确保这些问题对于所有的应答者都意思相同。

措辞准确很重要。记住，像"满意"、"级别"这样的概念实际上是无法观测的。很多"满意问题"的调查问卷走进我的家门，它们来自银行、信用卡公司、宾馆、商店、医院、理财顾问——还有许多其他单位。"你对……有多满意？"，或者甚至是"你对……满意吗？"，并附有在后面"是"/"不是"的方框内画钩的指导。"满意"是个概念，由于事实上我们无法观测概念，因此必须找到使其可观测的不同方法，从而使其可测量。罗斯（Rose）和沙利文（Sullivan）就举了个有用的实例，其方法使"等级"这个概念成了可测量的。他们写道：

> 如果我们想了解有关"等级"（一个概念，因此……不可观测）的内容，在这世界上我们可以观测什么可以表明等级的东西呢？也就是说，什么指标可以用于标示等级，以便于获得有关等级的数据？这就是测量问题的关键，当我们把不可观测的概念与可观测的指标联系起来，我们就提供了可操作性。

（Rose and Sullivan, 1996: 12—13）

他们解释说，"可操作性"是指"用来连接理论语言（概念）和研究语言（指标）的规则"。那么，"等级"或"满意"可能有什么指标呢？好好考虑一下。问问朋友、同事和家人有什么可测量的替换词，并且经常回到开头，问问自己："你真正需要了解什么？"

假　　设

　　如果你把应答者弄糊涂、惹恼甚或冒犯了他们,他们可能会空着那题,甚至放弃问卷。如果真有可能,你定想获得对所有问题的回答,那么就要努力避免混淆,并注意你的假设。考虑一下这个问题:"你的孩子在哪类学校上学?"应答者需要在各种类型的一长串学校后面的方框里画钩。研究者假设了应答者只有一个孩子,但是,如果她没有孩子呢?她就忽略这个问题吗?如果她不止一个孩子呢——一个在幼儿园,一个在中学,等等——那么她该怎么办呢?她把孩子数填在合适的方框里吗?你准备的是归类应答,还是打算要列举清单呢?这可能没有关系,但是如果你的分析是在归类应答的基础上进行规划的,那么得到列举应答时,你就会给自己带来额外的麻烦。偶尔,应答者很可能会问你为什么想要这信息。你这样问过吗?这信息对你的研究是必要的吗?如果不是必要的,就把它删去。

记　　忆

　　记忆会玩小花样。如果有人问你上周看了哪个电视节目,你能把每个节目都记住吗?你能确定某个特定的节目是上周看的还是上上周看的吗?思考下面这个问题,这是与父母的教育有关的问卷上出现的问题。

　　　　你在学校学过什么科目?

　　如果应答者最近才离开学校,他可能记得很清楚;但是,如果他们20年前或更久以前就离开了学校,那么他们可能会发现很难回想起来。如果他们在科目清单里没列入英语,那么是不是就意味着没学过英语,还是他们只是忘了把英语列入呢?考虑一下你真正需要什么信息。如果你想知道应答者学过的科目清单,你会觉得制作一份可以画钩的科目清单更好一些。这样,你就能保证把主要科目都包括进去——但是,问题的类型将取决于你需要的信息类型。

知　识

当心那些征询信息的问题,这些信息是学生可能不知道或者不想说的。例如,问成人学生是按什么标准把学生分派给导师组的,这可能看起来合情合理。但是,很可能他们并不知道——而如果应答者得去搜索信息,他们就可能会把问卷放在一边,等有时间了再答——接着就完全忘了这回事。

双 重 问 题

提醒你不要问双重问题,这似乎是显而易见事,但是,却容易忽略下面这类问题:

你上研究方法和统计课吗?

回答"是"意味着你两门课都上,还是上了一门? 如果你需要了解,这个问题就应分成:

你上研究方法课吗?
你上统计课吗?

遇到双重问题的问卷很常见,尤其是宾馆的反馈表,如:

我们一直在寻求改进为客人服务的管理措施。如果你能在下面的数字上画圈,并将填完的表递交服务台,我们将不胜感激。

你如何评价宾馆的服务和卫生?

优秀	很好	好	满意	不满意
5	4	3	2	1

我在一家大型连锁宾馆的房间里发现这个反馈表。接下来的问题沿用类似的格式。假设有客人不嫌麻烦填会去填问卷,我能想象得到,应答是 2—5 的会合成一组,并会因此得到"证明"95%的客人对宾馆的服务和卫生很满意。这里双重问题很

明显,但这一项还有别的问题。也许你认为部分服务不错。接待员乐于助人、令人愉快并且效率高,房间服务员做得非常好,但搬行李的很无礼,餐厅服务太差。至于卫生……好了,我不说了。

这种用于宾馆问卷的利科特量表(最初由 R. Likert 于 1932 年设计),是设计来发现对一个给定的陈述或一系列陈述的感觉或态度的强度。这里暗含了选择的类别越高,赞同度就越高,但应注意排序的级别不要太多。通常——虽不总是——有三个、五个或七个点数的范围,并要求应答者要在合适的数字上画圈,显示赞同或不赞同的排序。他们当然会把每个级别或对象从高到低排列,但每两个之间的间隔并不一定相同。我们不能说最高评级(比如宾馆例子中的"5")是最低的(即"1")5 倍,只能说这显示了一种排序。尽管有这些局限,但只要措辞准确、没有双重问题、没有结果未证明的主张,利科特量表还是很有用的。

引导性问题

把引导性问题挑出来并不总是那么容易,但是,使用带感情色彩的语言或者使用某种提问题的方式,可能引导应答者以某种方式回答问题。例如:

你不赞成成人学生应该有权表达对辅导班的看法吗?

嗯,要成人学生回答这个问题时说"不赞成"可能是比较困难的。

假定性问题

假定性问题常常是问卷中错误的根源。问卷含有这些问题,常常是因为研究者对某一主题有强烈的看法,并忽视了并不是每个人都可能有同样的感受。例如:

大学/学院/医院提供足够的辅导吗?

那针对的是学生、病人、员工——另外什么人?你可能认为所有的机构都应该会提供辅导服务。但要是你的应答者没有怎么办？要是他们没有真正明白辅导服务是做什么的怎么办？在它的现在时态形式中，"足够的"是没有意义的。这个问题中有这么一个假定，那就是辅导服务是必要的，而这就使得该问题无效。

带前提的问题

注意那些只会提供没有用的应答的问题。大多数带前提的问题都可以归入这一类。例如：

如果你没有家庭负担而有足够的钱，你会周游世界并住五星级宾馆吗？

但是应答者可能回答说："我可是有家庭负担。我没有钱，而且就我所能预见的，我也不会有钱，那么考虑它有什么意义？"

冒犯性的问题和事涉敏感的问题

不用说，那些可能造成冒犯的问题应该剔除。如果你真的需要可能会被一些应答者视为敏感事项的信息，你就要分外注意问题的措辞和位置。一些研究者认为最好把这样的问题放在靠近问卷的末尾，其理由是如果应答者这时放弃问卷，你至少得到了前面所有问题的回答。

人们常常认为年龄属于敏感的问题，因而要求应答者在表示年龄组（也许是：21岁或以下、22～25岁、26～30岁，等等）的方框中打钩可能会更好些，而不是要求他们给出准确的年龄。注意各组不能有部分重叠的现象。很常见的是，年龄组列成：21岁或以下、21～25岁、25～30岁，等等。

外观和版面

如果看起来不整洁，一份精心准备的问卷将会大大丧失效果。看一看那些发表的评论，这些评论以问卷作为采集数据的一种方法，会给你提供一些关于版面的主意。你得鼓励接受者阅读并回答问题，他们可能会厌恶草率准备的不整洁的文档。

对于版面,没什么非得遵守的规则,但还是有一些有助于外观的常识性方针。

1. 应该将问卷打字录入并通过文字处理(或者印刷出来,如果你正进行的是一个非常大规模的调查)。

2. 作答说明应该清楚(用大写字母或用不同的字体)。

3. 问题之间留下间隔对读者有帮助;当你分析应答时,对你也有帮助。

4. 如果你想把问卷控制在有限的几页之内,缩小复印可能会更好。

5. 让每个应答框向页面右端对齐成行。这样做可以方便应答者,也有助于你记录应答。

6. 如果你打算运用计算机程序,若有必要,可在每页右边留出空白,以便编号。关于编号参见本书第 12 章。

7. 挑剔地看看你的问卷,并问问自己如果你是应答者,它会给你留下了什么印象。

8. 注意问题的顺序。把敏感的问题放在问卷后面一点。用简明并且易于回答的问题作为开始,然后转入复杂一些的题目(用卡片或分开的纸张来书写问题将易于把问题分类和再分类)。

9. 记住你的匿名和保密的承诺。如果忘了的话,可回头查阅本书第 3 章。如果确有可能,那么问卷上不要留下名字。

抽　　样

研究中的被试数量必然取决于你的时间长短。如果你止在进行一个 100 小时的项目,你就不能把全国所有成人大学生都包括进去。如果你已经决定把研究限制在一个教育机构内,那么你就要弄清这里有多少成人大学生。如果有 100 个,你就不可能有时间或者有办法把他们全部涵盖。你将需要选择样本。

在非常大规模的调查中——像人口普查——将运用抽样技术,以获得一个样本,这样本尽可能代表总体。然后,就可以根据结果进行概括。在小规模的研究中,我们就得尽最大努力了。

所有的研究者都有赖于应答者的善意和受访,做小项目的单个研究者要做到真正随机抽样可能有困难。如果真是这种情况,你可能会被迫对总体中任何一个此时可接受并且愿意接受访谈的人做访谈。只要样本的构成陈述清楚,而且意识到了数据的局限性,这种随机样本一般是可接受的。然而,即便在一项小规模的研究中,也应该努力选择尽可能有代表性的样本。比如,你决定涵盖总体的50%。随机抽样将给每一个有关的个体一个平等的被选择的机会。你可以决定在以字母顺序排列的名单中选择候选名字,通过在纸上扎一针确定第一个被选定的人。不是每一个被选定的人都愿意参与,所以预备一些可找到的名字是明智的。比如,如果第二十个人拒绝或找不到,你可能早就得决定移向第二十一个,这也应该是你研究设计的一部分。

你可能会有想涵盖具代表性的次级小组的情况。你也许想要选择适当的男女比例和不同年龄组的个体比例,或者目标总体的其他次级小组。如果是这样,你可能会有下述类型的层级。

目标总体:100人。

男:60人。女:40人。

你不用选择候选名字,可以用每两个男人中选第二个男人,每两个女人中选第二个女人的方式,选择样本总体,这样就选出了30个男人和20个女人。

如果你想弄清多少男人和女人10岁以前得过风疹,你可以采取进一步的步骤,如下:

	男	女	共计
10岁以前得过风疹	10	6	16
10岁以前没有得过风疹	20	14	34
合计	30	20	50

如果性别和风疹特别重要,那么次级小组就会定为研究设计的一部分,样本就会从每一个次级小组或单元中以适当比例提取。这是一个相当不完善的例子,但是,对于小规模的实践来

说，它将是一种一般可以接受的选择样本的方式。如果你的研究项目需要一种更科学的方法，你将需要进一步阅读，并获得一定的统计专业知识。

有关抽样的补充阅读在本章末尾列出。

试点实施问卷

所有数据采集工具都需要试点，以测试接受者要用多长时间才完成，检验所有的问题和作答说明是不是都清楚明白，并让你能够删除任何不产生有用数据的题目。在一项小规模的研究中，会有一种让你直接进入问卷分发阶段，但是，无论你的时间有多紧，还是得尽量给你的问卷试验一遍，即使你得强迫家人或朋友受试。理想地，应该在一个与你的研究人口的构成相似的小组进行试验；但是，如果不能这样，那么你能找到谁就让谁来试验吧。应答者将会告诉你要用多长时间做完问卷，而如果他们剩下任何问题没有回答，你就能弄清为什么。试点实施的目的是排除工具的小毛病，这样，在研究的主要阶段，应答者做完问卷就不会有困难。这也使你能够进行初步分析，看看在分析主要数据的时候，问题的措辞和格式是否会有麻烦。

问问你的被试如下问题：

1. 你做完问卷用了多长时间？
2. 作答说明清楚明白吗？
3. 有任何问题不清楚或含糊吗？如果有，你能说说是哪一个问题以及为什么吗？
4. 有你反对回答的问题吗？
5. 在你看来，漏掉了什么重要的话题吗？
6. 问卷的版面清楚/引人吗？
7. 有什么意见和建议？

他们的应答将使你能够对准备正式分发的问卷进行评估。你将要花一些时间才能达到设计和表达的恰当标准，但是，如果准备得合理，在分析阶段就能为你节省几小时甚至几周的时间。

发放和回收问卷

记住,在没有从导师、单位的研究委员会,道德委员会,以及负责审查学生的研究项目、计划和拟用的数据采集方法的其他委员会那里得到批准的情况下,不能发放问卷。我的看法是,一定要获得委员会的书面批准,因此不要想当然地认为"没事",认为喝一杯咖啡、口头答应就够了。也许够,但也许不够。你得弄清自己的形势。一旦获得了必要的许可,你就需要决定怎样发放问卷,决定无应答时怎么办。

能亲自给被试发放问卷有着独特的优势。你能解释研究目的,而且在某些情况下,能当场完成问卷。如果能建立个人联系,你就很可能会获得更好的合作,但是,如果不可能,你就需要寻找发放问卷的其他途径。有时能获得许可通过内部邮件系统发放问卷,可以说服朋友和同事帮忙。如果其他所有的方法都行不通,你可能就不得不邮寄问卷了;但是,信件调查是比较贵的,而且应答率一般比较低,所以,只有当你发现不可能通过其他方式联系被试,你才会想诉诸邮寄问卷。

就像我在第 3 章里讲过的,即使你会跟应答者面对面地接触,在我看来,也应该给他们一份关于他们的权利、你的责任和研究目的的书面声明。得说明已经获得官方许可,并说明自己会怎样处置完成的问卷。哪些人会看到它们?当你的研究完成后或者研究报告检查完,会把它们撕碎吗?或者把它们保存在你的文件夹里以防哪天用到时方便吗?如果保证了保密和匿名,就得说清楚这两个概念意味着什么。如果还有不解的地方,就请回头看看第 3 章。你知道可以兑现的才作出承诺,不要过度。

如果你不能面对面地发放问卷的话,那就会需要一封信,并需要附上声明。注意你信件的措辞。一封信太鲁莽或太阿谀都会给应答造成负面影响,所以,得给朋友看看草稿并征求他们的意见。请记住在信中或者在问卷的显著位置写明返回的日期。经验表明期限太长是不明智的。如果没有指定时期或者期限太长,被试很容易把问卷放在一边,这常常意味着再也不会看了。

完成问卷的合理期限是两周。要指定确切的返回日期和星期几,而不是礼貌地请求两周以内返回问卷。出于某种原因,如果既写明了日期又写明星期几,这似乎有助于唤起记忆。

放进一个自己写好地址的信封(如果应答者得通过邮寄返回问卷,那么贴上邮票)。

无 应 答

记录问卷的发放日期和返回日期。通常,起初会有不错的回应,接着返回的速度就会慢下来。不可避免地,问卷不会在指定的日期全都返回,但是,如果你在问卷上没有采取任何鉴别方式,你就无法知道谁回复了、谁没有回复,这样就可能没有后续措施了。无应答是"由于这种可能性——这在实践中已被反复证实——即那些不返回问卷的人不同于那些返回问卷的人"(Moser and Kalton,1971:267—268)引起的一个问题。因此,如果确有可能,应该付出一些努力鼓励更多的人返回做完的问卷。

对于什么时候是发出后续请求——假设你的匿名和保密的保证允许后续措施——的最佳时机,观点各异;但是,在一个时间有限的项目里,如果你想在分配好的时间内完成数据采集,你就需要在原日期之后一周左右写信。在一些大项目中,可能会寄出第三封甚至是第四封提醒信;但是用这种方式得到的回复数量也不大可能保证时间,而且会带来一些麻烦。

数 据 分 析

在理想的情况下,最好是等所有的问卷都返回并且浏览了一下所有的应答之后,再开始编号和记录。在一个时间有限的项目中,可能有必要在第一份问卷返回时就开始记录应答。第12章描述的分析和表述结果的程序,可能影响你组织问卷和表述问题的方式,所以,在你最后决定内容和格式之前,得仔细阅读这章,并确保你读了这章的清单,以确保你完成了所有基本任务。

设计和实施问卷清单

1. 在过多地进行准备工作之前,确保自己的研究获得批准进行。不要假设"没问题"。

   检查道德委员会、研究委员会以及别的委员会的要求,这些委员会负责批准你所在机构的研究。记住,审批可能需要花一些时间,因此,如果可能的话,要及时递交提案。

2. 判断自己需要了解什么,列出所需信息的所有题目。问问自己为什么需要这些信息。

   不要让以防迟早有用的不相干的题目塞满问卷。它们不会派上用场的。

3. 问卷是获得信息的最好方式吗?

   想想你需要什么信息。如果别的信息采集方法可能会更好,那就考虑一下别的。

4. 如果断定问卷最合适,那就开始斟酌问题的措辞。把它们写在单独的卡片或散页上,以便有助于以后排序。

   记住,概念不能测量,因此,如果你确实要了解应答者对 x 或 y 的满意度,那就想出衡量满意度的指标吧。

5. 检查每个问题的措辞。有含糊、不准确或假设吗?你在要求应答者回想什么吗?他们能够吗?你要求应答者没有的知识吗?有双重问题、引导性问题、假定性问题、带前提的问题或冒犯性的问题吗?

   要使语言简单。不要用应答者不理解的词语(包括专业性语言),除非你交涉的是一个专业组,他们所有人都理解你的简捷语言。

6. 决定问题类型。

   文字、列表、类别、排序、量表、数量或网格等类型。对不同类型的问题要求进行不同的分析(参阅第 12 章进一步了解分析)。

7. 所有的问题都措辞妥当、类型正确,当你对此满意时,就进行分类排序。

   把事涉敏感的问题放在接近末尾的地方通常会比较好。

8. 写好作答说明,收录在问卷上。

   应答者必须很清楚应该怎样回答问题(在答题框内画钩呢?还是对选项画圈?或是回答是、否?)。

9. 考虑版面和外观。作答说明必须清楚地呈示(或许用不同的字体并放在显著的位置?)。决定是否需要右边的空白用来编号。

   在最终决定问卷的措辞、内容和结构之前,参阅第 12 章有关编号和分析应答的方法。

第二部分　选择数据采集方法　　　　　　　　　　　　　　　135

10. 将问卷实行文字处理。凌乱的外观无法鼓励应答者认真对待。

如果你够幸运,有一个熟练的打字员能替你进行文字处理,你得好好感谢,但是,你得给出准确的版面说明。

11. 决定样本。

努力选择尽可能接近于你的最终被试总体的样本。如果你不得不进行随机抽样,在你的报告中得说明为什么。

12. 无论时间多么紧迫,定要试点实施问卷。

理想地,问卷应该发给那些与所选样本相似的人。然而,如果这不能,那就请朋友、家人或同事帮忙。

13. 试用你的分析方法。在决定最终方式之前,仍旧得读读第12章。

即便只有五六份完成的试点问卷,你也能看出,分析返回问卷的主体部分时是否会有问题。

14. 根据试点应答者的评价以及你的预备分析对问卷进行调整。

考虑时间安排。如果志愿被试完成问卷需要的时间过长,那就得决定是否可以删除或修改某些题目。删除与你的课题并不直接相关的题目。再检查一遍,确保没有仅仅因在以后的阶段可能要用到就收录的东西。

15. 决定要怎样发放问卷,但在发放之前,得核实一下你明白了匿名和保密意味着什么——并将你的界定对应答者说清楚。

通过邮寄呢?还是通过内部信件?或是跟应答者面对面亲自发放?如果决定邮寄调查问卷,要在里面附一个贴了邮票、写好地址的信封。如果应答者做完并返回问卷,他们是在关照你,因此别再要求人家为这种特惠付费。还要附一封信和一份关于条件和保证的声明,解释应答者的权利和你的责任。

16. 如果可能的话,别忘了说你希望问卷什么时候返回。写出希望是星期几和几号。

记录问卷发放和返回的时间。

17. 在发放问卷之前就得决定对于无应答的情况将怎么办。

记住,如果所有的应答都保证是匿名的,你就不能发信提醒。

18. 一收到完成的问卷就得开始记录应答。

你没有时间等那些散漫的应答者。

19. 除非你明白自己在做什么,否则不要让自己卷入复杂的统计。

只要问卷结构设计得好,即使没有丰富的统计学知识,你也完全可能写出好报告。

补 充 阅 读

大多数涉及研究方法的书都会有一章讨论问卷的设计,因此,这里所列的仅有条目都是标准文本,大多可以在图书馆找到。如果你计划将问卷调查设计成研究的一部分的话,这些都提供了很好的建议,也将会提供牢固的基础。

Bell, J. (2002) 'Questionnaires', Chapter 10 in M. Coleman and A.R.J. Briggs (eds) *Research Methods in Educational Leadership and Management*. London: Paul Chapman Publishing.

Bell, J. and Opie, C. (2002) *Learning from Research: Getting More from your Data*. Maidenhead: Open University Press. Chapters 5.2, 5.3 and 5.4 discuss the planning and preparation involved in the production of the questionnaire carried out by Chan (2000) in his doctoral study of student evaluation of teaching effectiveness. Part 2, incorporating Chapters 2.1–2.6 consider the preparation carried out by Fan (1998) as part of his Master's study of nursing students' perceptions of their nursing education. Both are well worth consulting as examples of the way two very different students approached the task of planning and designing questionnaires.

Blaxter, L., Hughes, C. and Tight, M. (2001) *How to Research*, 2nd edn. Buckingham: Open University Press. Pages 161–6 give useful advice about sampling.

Bowling, A. (2002) *Research Methods in Health: Investigating Health and Health Services*, 2nd edn. Maidenhead: Open University Press. Chapter 7 concentrates on methods of sampling. Chapters 11 and 12 consider aspects of questionnaire design such as planning, piloting, questionnaire layout, the covering letter, order of wording and checking the accuracy of responses. Chapter 14 introduces issues relating to the preparation of quantitative data for coding and analysis, all of which is useful.

Cohen, L., Manion, L. and Morrison, K. (2000) *Research Methods in Education*, 5th edn. London and New York: Routledge Falmer. Chapter 4 (Sampling) and Chapter 5 (Validity and reliability) are well worth consulting.

Laws, S. with Harper, C. and Marcus, R. (2003) *Research for Development: A Practical Guide*. London: Sage. This book deals with sampling (pages 356–75) and questionnaires (pages 306–10).

Moser, C.A. and Kalton, G. (1971) *Survey Methods in Social Investigation*, 2nd edn. London: Heinemann. In particular, see Chapter 4 (Basic ideas of sampling), Chapter 11 (Mail questionnaires) and Chapter 13

(Questionnaires), which deals with general principles of design, question content, question wording, open and pre-coded questions and question order. This book is now more than 30 years old, but it is still one of the best of its kind I have seen. If your library still has a copy, make a point of consulting it.

Oppenheim, A.N. (1992) *Questionnaire Design, Interviewing and Attitude Measurement* (new edition). London: Cassell. Chapters 1, 2 and 3 provide guidance about survey design and Chapters 7, 8 and 9 cover questionnaire planning, question wording, basic measurement theory – and much more. An excellent book to keep for reference.

Rose, D. and Sullivan, O. (1996) *Introducing Data Analysis for Social Scientists*, 2nd edn. Buckingham: Open University Press. Chapter 3 (Preparing the data) considers operationalization, data preparation, coding for analysis, using 'open' and 'closed' questions and the principles of entering numeric data into a computer. Another very useful book to keep on hand for reference.

Youngman, M.B. (1994) 'Designing and using questionnaires', in N. Bennett, R. Glatter and R. Levačić (eds) (1994) *Improving Educational Management through Research and Consultancy*. London: Paul Chapman Publishing, in association with The Open University. This is a revised version of M.B. Youngman (1982) *Analysing Questionnaires*, Rediguide 12, Guides in Educational Research, University of Nottingham, Rediguides. The author covers the importance of planning, question specification, questionnaire design, distribution and return. This is an excellent chapter and worth keeping as a permanent record and checklist. During his career at the University of Nottingham, Michael Youngman gave generous support to struggling research students, of which I was one. I believe few of us would have survived without him.

9　筹划并实施访谈

访谈的道德规范

在第3章,我已经讲过实践规则、合同和行为标准等,这些都要求研究者能确保参与者充分了解研究目的并明白自己的权利。在访谈筹划走得太远之前,如果你查阅那章的道德准则与行为标准这部分,那将会很有帮助,因为你不能没有获得应答者的同意参与就继续研究。如果你是在医院或者实际上在与健康有关的领域进行研究,如果没要求你提供一份书面的行为标准,我会很惊讶。条件会各有不同,因此在早期阶段就弄清有哪些要求是很基本的。

获得"知情同意"可能不像听上去那么容易;如果你进行的是100小时的研究项目,你将没有时间准备,也没法试验在主要研究中要求的那种行为标准(见Cohen,2000;50—56)。然而,无论研究项目的规模如何,你都有责任给应答者尽可能充分地解释研究是关于什么的,为什么你要访谈他们,访谈包含些什么,以及你怎样处理获得的信息。我个人觉得,这不该在访谈开始时口头陈述,而应事先寄去,这样,应答者就有机会询问任何陈述的意思和隐含的意义——甚至在那个阶段退出。参与者在开始就退出比在中途或者访谈之后退出好些。

万一你得出结论认为这只是又一个官僚主义的、不必要的程序,我会要你记住,这不仅保证应答者了解他们的权利和你的责任,而且也在维护你自己的处境。

访谈的利与弊

访谈的一个主要优点就是它的适应性。老练的访谈者能把想法贯彻下去,探究应答,并研究动机和感受,这些都是问卷做不了的。这种作答的方式(语调、面部表情、迟疑等)能提供书面应答掩藏的信息。问卷的应答只能获取表面价值,但是访谈的应答能够扩展、澄清。

当然,访谈也存在一些问题。访谈很费时间,因此,在一个100小时的研究项目中,你只能对相对较少的人做访谈。它是一种高度主观的技术,因此总有偏见的危险。分析应答可能会出现难题,而且访谈问题的措辞就像问卷问题的措辞一样费神。即便如此,访谈却能产生丰富的材料,并且常常能充实和丰富问卷应答。

莫泽和卡尔顿(Moser and Kalton,1971:271)把调查访谈描述为"在访谈者和应答者之间以从应答者那里获取一定信息为目的的会话"。他们接着说,表面上这可能是一件直截了当的事情,但是,要做到成功的访谈比这里谈到的要复杂得多。

怀斯曼和阿荣(Wiseman and Aron,1972)把访谈与钓鱼相比,科恩(Cohen,1976:82)承袭了这种类推,补充说:"就像钓鱼,访谈也是一项需要仔细准备、诸多耐心和大量练习的活动,如果最终的回报值得。"

访谈的准备遵循与问卷大致相同的程序。需要选择话题、设计问题、考虑分析方法、准备计划和试点。

问题措辞

虽然问题措辞很重要,但也没有问卷中准确地使用特定术语那般重要,虽然你使用的语言当然也要能为应答者所理解。在问卷设计那一章,我举了一个例子,问学生花多少时间学习,提示说"很多"、"一定量"和"不多"对于不同的人将会有着不同的意思。在访谈中,却可能可以问"你花多少时间学习?",接着立即提示"比如……"。

要遵循问卷设计确定的规则(不要有引导性、假设性或冒犯性的问题,等等)。得准备好话题,然后在卡片上或纸张散页上把问题写下来,这样,问题覆盖了所有话题时,你就能决定提问的顺序。考虑一下哪种顺序可能会是最好的提问顺序。在与受访者建立融洽的关系方面,提问顺序可能会很重要。问问题的方式肯定也很重要。得练习进行访谈和安排你的计划,以确保你的提问表格清清楚楚,不会使应答者反感,并允许你以访谈结束后能理解的方式记录应答。

访谈计划

结构性和半结构性访谈

如果你采用的是结构性或半结构性的形式,也就是在之前准备好的清单上的应答画钩或画圈,这样你结束访谈时应该就能留下一串相当容易记录、总结和分析的应答。如果你决定采用非结构性的形式,那就不是么容易了,但是,你仍然需要准备一个你希望讨论的事项进程表,以及一些提示或探讨,以提醒你要谈及的特定问题。我们假设你在执行一项员工参与公司内部法语培训项目的调查。公司总部在巴黎,并觉得法语培训项目是个好主意。然而,参与情况却让人失望,可能是因为虽然允许用半小时的工作时间,但参与者还得从自己的时间里再抽出半小时。你认为了解这些可能很有用：男性和女性参与者之间有没有差异，员工在公司工作了多长时间，他们是否在巴黎总部待过，他们在公司的资历以及（在试点访谈中不期然地冒出的一个问题），参加培训是否能加薪甚或获得晋升，当然还有员工参与法语培训项目的范围。

在你清单的数字上画圈很容易，但把人们说的记下来就没那么容易了。你最不希望做的事就是在整个访谈过程中猛写，因此能暗中画圈的事项越多越好。你需要记下应答者是男是女，但不需要问。你看得出来，因此可在进程表开头的"男"或"女"那里画圈。

你可以按下面的文字准备进程表的草案。先在你的试点研究志愿者身上试验一下，如果不管用的话，那就进行修改，直到你满意它能服务于你的研究目的。

题目：对职员参与法语培训项目的调查

访谈日期：　　　　　　　　　　　　访谈地点：
被访者的姓名/编号：　　　　　　　　男或女
问题1：你多大程度上参与法语培训项目？
提示：6周的基础项目　　　　　　　1　2　3
　　　12周的提高项目　　　　　　　1　2　3
　　　1年的高级项目　　　　　　　 1　2　3
　　　2年的双语口语项目　　　　　 1　2　3
1＝根本没有(有没有特殊原因？)
2＝一定程度(要求举例)
3＝很大程度(要求举例)

接着也许你希望进一步探究。

访谈结束后，所有画圈的数字可以登记到你的总结单上，分析应答的程序开始了。有人在进程表的右边添加总结栏，有人却更愿意用专门的总结单。

问题和编号可能会在试点访谈的过程中取得进展。随着研究的继续，可能会有些变化。在开始看来是不错的主意，随着研究的进一步执行，可能会不合适。绝对没理由要把编号的数字在进程表中标示出来。除非你打算将数字直接输入电脑，不然真的没有理由一定要跟数字打交道。你可以用字母，这可以立刻给你问题选项的答案。如果你的数据采集主要通过访谈，那么你不大可能累积出大数字；如果你是手工编号的话，那些字母与数字相比有很大的优势。因此，在总结单上，你会有表明男、女的题目，而男的或女的参与者的人数则会在合适的题目下表明。很容易的。

非结构性访谈

集中围绕一个话题的非结构性访谈可能——而对于老手也确实能——提供大量有价值的数据，但这种访谈需要很多调控的专门技术，以及大量用于分析的时间。针对某个话题的交谈可能很有趣，而且也可能带来对某个问题的有用的洞察，但是，得记住，访谈不仅仅是有趣的交谈。你需要某种信息，而如果确有可能，你得设计出获取那些取信息的方法。

预备性访谈可能可以放在一连串礼节的"完全非结构性的"末尾。就是这么个阶段，那时你正在努力弄清哪个领域或题目是重要的，那时也在鼓励与话题直接相关的人谈谈对于他们什么才是最重要的。你正在寻找线索，看看哪些领域应该探讨、哪些应该略去。这种访谈只需记极少的笔记，而且只要你的笔记够明确，能使你提取兴趣点、提取研究中应包括的话题，那么就足够了。

大多数在研究的数据采集主要阶段进行的访谈，会在整体访谈的完全结构性与完全非结构性访谈之间的某个时间点到来。允许应答者自由说出对于他们而非对于访谈者什么最重要，这点显然很重要，但是，确保把认为对于研究至关重要的所有话题都涵盖的一些松散结构，的确消除了完全非结构性访谈的一些问题。**引导性**的或**聚焦性**的访谈满足了这些要求。这样的访谈不使用问卷或清单，但是，通过选择话题，会将访谈引导到这些话题，建立一个框架。这样的访谈允许应答者在框架内有相当程度表达意见的自由。这样的访谈会问特定的问题,但是会给予应答者自由,让他们自己掌握时间,谈谈那个话题,并说出他们的看法。访谈者要有提问的技巧,而且如有必要,要适时探询;但是,如果受访者从一个话题自由地转移到另一个话题,那么访谈就会不间断地泛滥。

聚焦性的访谈优点是预先确立了一个框架,这样,记录和分析就大大地简化了。这对于任何研究来说都是重要的,对于时间有限的研究更是如此。

群组访谈和焦点群组

一对一的访谈并不是会见应答者的唯一方式,在某些情况下,你可能会觉得群组访谈更有用。虽然特别的焦点群组最近已经变得普遍得多了,尤其是在社会科学和卫生研究领域,但是,群组访谈并没有什么新东西。顾名思义,焦点群组的目的就是将讨论的焦点对准某一个特定的问题。它们可能是结构性的,有预先准备好的问题和清单;或者完全是非结构性的,研究者的干预最少。这完全取决于访谈的目的。有时,这种访谈是各色人等的非正式聚会,人们可能彼此并不认识,但可能被认为感兴趣或关心某些问题,诸如社会治安或家庭税等。意图(及希望)是参与者可以互动——愿意聆听所有的观点——也许是为了就话题的某方面达成共识,或者表达不同意见,并将他们似乎会感兴趣或认为重要的问题公开。研究者不大像访谈者,而更像主持人或帮助者。

以我的经验——可能与你的很不相同——焦点群组可能包含了这么些成员,他们有着相似的特点或经验(比如,他们可能都得了同一种病),或者据闻专门关注或特别了解涉及的一些问题。

在需要深入的"关于人们如何思考问题——他们对事物之所以然的推理,以及对他们何以持有某些观点的推理"(Laws, 2003:299)的信息时,焦点群组毫无疑问很有价值。然而,有时也会存在问题。

海斯(Hayes)告诫我们：

> 涉及应答者的年龄、性别和种族情况时，群组得审慎地保持平衡：例如，如果年轻人、女性或少数民族人群在整个群组不成比例地偏少，那么他们可能会觉得社交受限而无法自如地投入讨论。有时可能必须有相似年龄段单一性别的群组，以营造一种融洽、轻松的气氛。
>
> (Hayes, 2000: 395)

个别个性强的人会影响，有时实际上是掌控某个群组，使得较乏自信的成员难以发言。登斯库姆(Denscombe, 1998: 115)告诫说"在群组讨论中，男人倾向于霸占舞台中央"，把女性(或者至少是其中一部分)静静地晾在一边——虽然你可能没有这样的经历！他把我们的注意力吸引到另一个问题，那就是"如果群组成员认为他们的意见跟群组内的主流意见相反，那么他们可能会倾向于保持沉默，或者在一定程度上调整自己的观点"(p.115)。他又说："一对一访谈的私密性就不会造成这种难题。"当然，他是正确的，虽然一对一的访谈也有自己的难题。

凭借经验，研究者会想出自己的办法，让个性强的人不致脱序，又把沉默的成员吸引到群组中来。劳斯(Laws, 2003: 300)提议一种办法，那就是也许可以定时核查，以发现是不是所有的群组成员都赞成所作陈述——用这样一些话发问："每个人都认为是那样吗？"或者"每个人都赞同甲乙丙吗？"——这似乎是个合理的办法。

关于管理群组访谈尤其是焦点群组访谈的"对的"和"错的"方法，似乎有许多观点。有的人认为列清单、引导话题和准备问题是必需的；有的人不同意，认为这样的结构性太直接而不能达到探索应答者对问题的信念、阐述和理解。我所能说的，我也总是这么说，就是我们都有自己的行事方式，因此，选择适合自己的，选择最合目的的方法，你爱叫它什么都行。只要你记住，研究的道德规范总得遵守，应该获得同意，提供关于研究目的的完整信息，并对你定义的匿名和保密作出保证，那么一切都会顺利。

访 谈 录 音

在群组访谈中谁说了什么总是很难记清,但在一对一的访谈中,录音可能很有用,它可以帮你核对可能希望引用的话的措辞,可以允许你跟被访者进行眼神交流,可以帮你显得很感兴趣——也能确保你写的东西是准确的。如果你试图进行任何形式的内容分析,并且为了确定类别而需要能够反复听几次,那么它可能尤其有用;但也许最有用的是,它允许你编号、总结并记录那些你特别感兴趣的谈话,而这些谈话又是在访谈过程中未能努力记下来的(参阅第7章布伦丹·达菲关于内容分析的讨论)。

然而,你不能假设所有的应答者都愿意让谈话被录音,知道在录音有时会妨碍他们诚实应答。被访者会希望知道——这也是应该的——你打算用录音做什么,谁会有权动用,以及它会保存多久。你需要做好被拒绝的准备。即使被访者先前同意录音,到时候他们还是可能会拒绝,因此,你得预先准备好问题、提示和探讨等等,以确保或努力确保你需要探索的主要问题都涵盖了——另外,你还需要一份清单或进程表和总结单。

即使应答者同意录音,困难也还没结束。很多有经验的研究者和导师都强烈地感觉到(事实上是明确地说)所有录音都必须整理成文字。他们表示说,如果没有录音整理,如果不能有需要就可以详细审查的话,访谈者就会爱说什么就说什么。死了心吧,但是,他们可能会编造合乎目的的"引语"。然而,如果你得自己打字,你可以预期一小时的访谈至少需要四小时整理,即便你是熟练、快速的打字高手;但如果你不是,那就显然要更多时间了。如果语音转化软件变得更精密、更便宜的话,那么访谈录音或许就可能直接转化到文字处理软件,这样就能省下所有录音整理的时间,而且对于内容分析也极有帮助。然而,眼下你可能还得依赖于打字或对录音进行文字处理。在短期研究项目中,是否有录音整理的时间也成问题,但万一有人想检查哪个特定的地方，那就得确保将录音保存到报告审查完毕——直到你肯定不再需要修改或重写。

如果应答者不同意访谈录音，并不是一切都丢了。我们都学过发明自己的速记体系，但是，访谈一结束，你就得把自己记得的尽力写出来。如果你的访谈指南或进程表设计得很好并经过试点验证，那么你的问题、选项和标题不仅对你记录应答会有帮助，也能提醒你在每个标题之下说了些什么。在进程表中列出的各项提示也许永远不需要用以提示，但是它们仍然会充当子标题，并为你的报告提供初步结构。只要有可能，报告中将要引用的话语应该让应答者确认。你最不想要的就是一句话在报告阶段受到挑战。

还有一件事。有时候——尤其若是应答者喜欢那次访谈，他们可能会问是否可以让他们知道研究进展如何。这也需要时间和金钱的花费，因此注意不要承诺过多。（还记得第3章斯蒂芬·沃特斯面临的难题吗？）然而，被访者免费给了你时间，因此如果你能够做到，那么，同意让他们了解研究发现的大概情况，也是一种礼貌——只要这些发现不是机密。一旦做出总结，如果需要的话，就可以向研究委员会会议、道德委员会、部门会议和管理团体提交，也可以向那些涉及到你的数据采集工具试点的人提交。

偏见——夙敌

总有使访谈存在偏见的危险，很大程度上是因为——就像塞尔提兹等人(Selltiz et al. 1962：583)指出的那样，"访谈者是人而不是机器，而且他们的举止可能会对应答者有影响"。在使用了一组访谈者的情况下，严重的偏见可能在数据分析中暴露出来；但是，如果是一个研究者做了一组访谈，偏见可能是前后一贯的，因此不会注意到。词典里对"偏见"的定义集中于歪曲的判断、偏颇的态度、不公的影响等概念。这听上去似乎显而易见，但也可能有阐释的问题，因为某个人"公正而无偏见的观点"

可能被另一个人断定为"偏见"(Bell and Opie, 2002: 233)。

很多因素可能导致偏见,由单独研究者——尤其是那些对自己的研究课题持有强烈见解的人——进行的研究都会存在这种危险。很多情况下偏见都会出现,或是有意,或是无意。很容易就落入偏见的陷阱。比如：只选择文献综述中支持你的观点的条目;使用不当的语言,显示出某一方向的强烈感情;允许价值判断影响对研究发现进行阐释的方法。格雷(Gray, 2000)在她的关于澳大利亚西部学校旷课现象的博士研究中,就很警惕这样一个事实：她在研究一个自己有着浓厚兴趣的课题,并对此持有强烈的见解。她回忆说,是对实践的不断质疑和对数据阐释的批判性态度使她看出偏见的迹象——这就是应有的一种原则。

迈尔斯和休伯曼(Miles and Huberman)告诫道：

> 我们有恍悟的时候。事情都是"一块儿来"的。问题是我们可能是错误的。一份附近图书馆的研究证据表明,人们(包括研究者)习惯性地倾向于高估他们相信或者依赖的事实,忽视或遗忘正例远比反例容易(Nisbet and Ross, 1980)。我们会这样是因为区别评估信息,关注部分信息而不是全部。
>
> (Miles and Huberman, 1994: 253—254)

珍·格雷(Jan Gray)认为"恍悟的时候"就是当事情"一块儿来"时的"启发过程"。她还是不得不问自己是否由于个人信念而"高估"了哪些事实。也许她主要的一点长处就是她知道危险是什么。她经常留意偏见的迹象,并极力强调反省在实践和三角测量中的重要性。(见 Bell and Opie, 2002: 129—170, 对 Jan 的研究的讨论。)

因此,我们必须明智、警惕、批判性地对待数据的阐释,时常质问我们的实践,并且只要有可能就进行三角测量。导师熟悉与你的科目相关的文献,如果你对 x 或 y 强调过多,或者忽视了 a 或 b,他会很快提醒你,因此听听导师怎么说总是明智的。如果你不同意,那就随你便;只要你能有力地证明自己有理由,是建立在现有证据而不只是个人观点的基础上,那么你就会是安全可靠的。

谨　　记！

　　理应为同意接受访谈的人作一些考虑,因此,你要适应他们的计划,不管多么不便。努力确定一个不会被打扰的时间和场所。当电话一直在响而且总有人敲门的时候,试图进行访谈将会破坏连续性的。

　　在你开始邀约之前,得确定官方渠道——如果有的话——已经疏通了。带一封你的导师、部门领导、校长或研究官员的信,说明你在做什么和为什么,这总是会有帮助的。当然,在进行访谈之 前,得先寄出有关承诺、匿名和保密等问题的声明。

　　拟定实施访谈的规则是困难的。一直以来,常识和正常的良好态度将会让你进展顺利。你定要先介绍自己,再问问被访者是否有疑问。当你预约的时候,说清楚你预估访谈会占多长时间。问问那是否可接受,如果应答者说时间太长了,你就得尽量早点儿讨论主要的问题。你不是主导——应答者才是,而你需要他们甚于他们需要你。访谈很费时。如果你最多允许用一个小时进行实际访谈,那么还有在路途的时间,以及诸多倒霉事(应答者回家晚了,孩子突然有麻烦造成的耽误,打断访谈的不速之客,等等)中的任何一件所耗费的时间。接着,还需要有时间想一下在访谈中说了什么,看一下笔记,扩展并理清可能是仓促记下的要点。如果你做的是全职工作,那就不太可能一个晚上做一个以上的访谈;即使你能把自己的全部时间投入这项任务,在一天内对付三个或四个以上的访谈也不容易。你最初的项目计划应该考虑到筹划和实施访谈所需的时间,考虑到处理取消预约、进行二次造访以及找人代替那些退出者所需的时间。

　　访谈不容易;很多研究者发现,要在做到完全客观和努力让被访者放轻松之间达到平衡也不容易。要知道怎样才能克服这些困难也很难,虽然真诚地告知研究目的和诚实地执行访谈都很有帮助。达芙妮·约翰逊(Daphne Johnson)是一位经验丰富的研究者,也是一位老练的导师,她主张,结束访谈是访谈者的责任,而不是受访者的责任。她写道:

> 协商进入访谈和首次进入访谈可能不容易,但是,访谈者——一旦进入访谈,进行访谈直到离开——是以新闻调查的方式而不是以社会研究的方式在进行访谈……如果一次访谈占用的时间是访谈者所说的两倍或三倍,那么应答者的其他工作或社会活动会因此而耽搁,他回想起来可能很恼火,不管当时的经历有多令人愉快。这种行为打破了专业的社会研究道德规范,这道德规范就是,不要让应答者对研究参与的整个概念失去兴趣,导致后来的研究者在这个领域的探索更加困难。

(Johnson,1984:14—15)

筹划并实施访谈清单

1. 确定你需要知道什么。	列出所有所需信息的项目。
2. 问问自己为什么需要该信息。	检查一下你的清单,删去那些与任务不是直接相关的项目。
3. 访谈是获得该信息的最好方式吗?	考虑可替代的方法。
4. 如果是,那就开始大致设计一下问题。	问题的最终形式将取决于访谈的类型。
5. 决定访谈的类型。	结构性访谈将产生结构性应答。这是你想要的吗?或是需要一种更开放的方法?
6. 提炼一下问题。	把问题写在卡片上。检查一下措辞(见设计和实施问卷清单)。
7. 考虑一下问题怎样分析。	在最后决定问题类型与问题措辞之前,查阅第12章。

8. 准备一份访谈进程表或指南,并起草一份总结单。	考虑问题的顺序。准备好一些提示,以防应答者没有自由提供重要的信息。
9. 试点实施进程表和总结单。	两件都需要进行检验,而且你需要练习问问题和记录应答。
10. 如果需要,修改进程表。	考虑试点应答者的意见。
11. 警惕偏见。	如果你对专题的某个方面持有强烈的见解,那就要特别警惕。如果其他人问同样的问题,他们会得到同样的回答吗?
12. 选择访谈谁。	访谈要花时间。尽量选择一个有代表性的样本。如果被选定的人不愿或不能接受访谈,那就得决定怎么办。对于在允许的时间所能实施的访谈数量要现实一点。
13. 尽量确定一个不会被打扰的时间和地点。	
14. 确保疏通了官方渠道,预先让受访者看协议文件。	你的导师、主任或校长写的解释研究目的的一封信可能会有帮助。
15. 介绍一下你自己,给被访者要求澄清的机会。当然,你应该寄出了一封信和大致说明研究目的的声明。	说说受访者提供的信息将会怎么样。解释该项研究中匿名的含义。
16. 就访谈会持续多久,与被访者达成一致。	尽你最大的努力不要超过时间限制。
17. 尽量与被访者核查一下你笔记的准确性,特别是如果报告中可能要引用的一些事项。	但不要承诺与应答者在访谈结束后核查,如果这样可能会有困难的话。
18. 如果想对访谈进行录音,那就得获得被访者的允许。	记住,如果你打算将访谈录音整理成文字,那将会花很长时间。随着访谈的实施,就要写出。不要等所有的访谈都做完了才写。
19. 诚实和诚信很重要。	不要作出不能兑现的承诺。尊重应答者关于匿名的看法。如果你知道应答者不慎泄露了机密信息,不要利用。
20. 常识和良好态度将会让你进展顺利。	同意接受访谈的人是在帮你的忙。应该多替他们考虑考虑。

21. 不要让应答者对研究参与的整个概念失去兴趣,从而扰乱定调,影响其他研究者。 有很多种情形,参与者会失去兴趣。不守约或者访谈者迟到,用的时间比承诺的时间长,承诺核查准确性,承诺告知大致的研究发现而又不发布,以不友好的态度实施访谈——并且没有感谢受访者。

补 充 阅 读

Bowling, A. (2002) *Research Methods in Health: Investigating Health and Health Services*, 2nd edn. Maidenhead: Open University Press. Chapters 11 and 13 in Section IV discuss interviews and their response rates in quantitative research, including techniques of survey interviewing. Chapter 16 in Section V deals with unstructured interviews and focus groups in qualitative research.

Darlington, Y. and Scott, D. (2002) *Qualitative Research in Practice: Stories from the Field*. Buckingham: Open University Press (originally published by Allen and Unwin Australia, 2002). Chapter 3 considers the various stages of in-depth interviewing. It is perhaps unlikely you will have the time to become involved in such interviews but time is not the only pre-condition. As Darlington and Scott make clear, considerable skill, experience *and* training are required. If you have these attributes and feel you would be interested in considering this approach, it would be advisable to consult your supervisor and to read this chapter before making up your mind.

Denscombe, M. (1998) *The Good Research Guide for Small-scale Social Research Projects*. Buckingham: Open University Press. Chapter 7 'Interviews' is an excellent chapter, including when it is appropriate to use interviews for research, types of research interview, group and focus interviews, interviewer effect, planning and recording the interview – and much more. Helpful checklists are provided. If you have very limited time, this is the chapter I would suggest you might wish to consult.

Hayes, N. (2000) *Doing Psychological Research: Gathering and Analysing Data*. Maidenhead: Open University Press. Chapter 7 deals with interviewer effects, conducting interviews, stages of interview research and ethical issues in interview research.

Keats, D.M. (2000) *Interviewing: A Practical Guide for Students and Professionals*. Buckingham: Open University Press. Keats considers the use of interviews in research, and in particular issues involved in interviewing young children, the elderly and people from ethnic communities.

Kitzinger, J. and Barbour, R.S. (1999) 'Introduction to the challenge and promise of focus groups', in R.S. Barbour and J. Kitzinger (eds) *Developing Focus Group Research: Politics, Theory and Practice*. London: Sage.

May, T. (2001) *Social Research: Issues, Methods and Process*, 3rd edn. Buckingham: Open University Press. This book is particularly useful in a number of ways, particularly Chapter 6 'Interviewing: methods and process' which provides a review of different types of interview in social research, issues in interviewing and the analysis of interviews. The section on group and focus interviews is also helpful.

Oliver, P. (2003) *The Student's Guide to Research Ethics*. Maidenhead: Open University Press. Pages 12–16 discuss informed consent and situations where engaging in research may be ethically undesirable. Chapter 3 'Research and the respondent: ethical issues during the research' considers the ethics of tape-recording interviews and the right of respondents to end involvement in the research. These few extracts (and much more) are well worth consulting.

Wellington, J.J. (1996) *Methods and Issues in Educational Research*. University of Sheffield Division of Education: USDE papers in Education. Pages 59–63 deal with focus groups, consider what makes them rather different from group interviews and gives three short examples of various uses of focus groups.

10 日志、记录及重要事件

　　从表面上看,对于个人如何花时间的信息,日志是一种很引人注目的采集信息的办法。在研究中,日志不是个人的订约记录或想法和活动的日记,而是专业活动的记录或日志。假如记日志者清楚要求他们做什么和为什么,日志就能提供关于工作模式和活动的有价值的信息。

　　日志几乎总是会涵盖一个都同意的时间跨度——一天、一周、一月,或者偶尔要长得多——这取决于需要怎样的信息。应答者被要求在指定的时间"当场"说出或回顾他们做了什么,在某些情况下还要求说明为什么。操作指导必须是明晰的。你真的想知道某个人喝了杯茶、给送奶工付费或者洗了个澡吗,或者你只对与工作相关的活动感兴趣?

　　填写日志表格是很费时的,可能会惹恼一个大忙人,他得不断地停下工作来添加一条。如果应答者不是完全赞成这项任务,或者说是被"抓壮丁"来填写日志表格,那么他们如果不是根本不填的话,就可能不会彻底地填写。

　　如同在所有研究活动中一样,联系并最好是拜见那些腾出时间的人,这很重要,这样你就可以完整地解释这项实践活动的目的,讨论可能出现的困难,并且如果有可能,就解决这些困难。勉为其难的记日志者很少能提供有用的数据,所以预先的商议至关重要。就像别的采集数据的方式一样,如果还能维持兴趣的话,与记日志者进行某种形式的核查是值得做的,有时也是必要的。

任何日志实践都可能会有代表性的难题。本周的这一个天可否代表其余各天,或者星期一是否总是关键的一天?本周是否例外?奥本海姆(Oppenheim)把人们的注意力吸引到这个难题,并提醒我们:

> 应答者在填写日志中的利害关系会导致他们修饰我们所希望他们记录的行为。比如,如果他们在填写电视收视行为的一周日志,这可能导致他们从事"责任收视"以便于"有东西可记录",或者他们可能收视"更好的"那些类型的节目以便于塑造一种更讨人喜欢的印象。
>
> (Oppenheim,1992:252)

这也许很可能是真的,但很多其他的数据采集方法也可能会对正常行为有影响,就像很多研究者在研究过程中发现的那样。

日志—访谈法

有很多不同的方式运用日志。可以是单独使用的采集数据的方法,或者是结合了访谈、问卷和观测等的更大规模研究的一部分。在 1977 年,齐默曼(Zimmerman)和威德(Wieder)在美国反文化人种志研究中,采用日志作为访谈的预备,以防起初不清楚该提问的恰当问题。在一篇有关他们的**日志—访谈法**的文章中,他们讨论了日志的作用,是作为"由被试维持的观察记录,以后可以用做深入访谈的基础"(Zimmerman and Wieder,1977:481)。

日志作为问题提出工具的潜在可能性是清楚的,但是齐默曼和威德把这过程推进了一步。他们结合日志访谈,把日志的使用看做近似于参与者观察的方法,包括:涉及时间的长度;任何观察者甚至参与者可能会对正常行为有影响这一事实;某些研究中,道德、法律或伦理约束。"针对直接观察无法解决的情形,或者进一步或更多的扩展观察造成可用资源紧张的情形"(p.487),他们建议使用日志访谈法。

他们要求应答者按时间顺序记录一个七天的时间段内他们所从事的活动,按下列程式记录:何事/何时/何处/如何?"何事?"包含了日志作者以自己的类别对所记录的活动或讨论的描述。"何时?"包含了所指的活动时间和时间安排,尤其应注意记录事件的实际顺序。"何处?"包含了活动的指定地点,适当地进行编号,以防要识别个人或地点。"如何?"包含了对这项活动所必需的任何后勤保障的描述(p.486)。

很显然,要理解这些指导说明,日志作者得有一定的受教育水平,更别说填写日志了。他们还得有时间。如果你要求同事们合作赶写日志,那就要非常肯定日志是获得你所需信息的最好办法,并且你要能够让日志作者确信他们在做的事情有实际用途。

日志的多样化使用与设计

日志在构成的方式、执行的时间跨度和要求的细目等方面具有多样化的情形。这一点可以在下面的记录中看到:小学生的食物日志、代课老师的日志和时间记录、全科医师的时间记录、哮喘治疗日志以及部门领导记录重要事件的日志。

小学生的食物日志

多年来,在他所做的很多研究项目中,伯吉斯(Burgess)都结合了日志,作为数据采集的方法之一。在他的"关于日志与填写日志"一章有关贝纳特、格拉特和利瓦西克(1994)的文字中,他介绍了两种很不相同的日志研究。第一种(Morrison and Burgess,1993;Burgess and Morrison,1993)是关于小学生的食物日志研究。齐默曼和威德的"何事?何时?何地?如何?"的程式又一次被采用。小学生被询问:

你今天吃了什么、喝了什么?

你今天是什么时候吃、什么时候喝的？

你今天是在哪吃、在哪喝的？（在学校、在家还是别的地方？）

(Burgess and Morrison,1993：Appendix)

还加了些别的事项，也就是在哪天他们是否有过庆祝活动，比如生日晚会，以及他们是否喜欢自己吃的、喝的东西。由于日志是要由孩子来填写的，因此需要设计一个特殊的处理方式。

首先，跟小学生谈谈，向他们解释清楚要他们做的是什么，这点很重要。其次，填写日志的时间段限制在一周，包括周末……在日志里还有一系列说明，附在一封写给每个学生的信中。

(Burgess,1994：304)

代课老师的日志和时间记录

在第二个研究中，伯吉斯进行了一项完全不同且详细得多的日志研究，这项研究涉及教师的经验，以及当正常安排的教师无法上排定的一节课时，教师、代课教师和学生的相互关系。希拉·加洛未和马琳·莫里森也做了这个研究项目，并进行了田野调查(Morrison and Galloway,1993)。她们设计了一个三栏的表格，"时间"在第一栏，"主要活动"在第二栏，"其他"在第三栏。这种**时间表格**或**时间记录**的目的是为代课教师提供一个框架，可以记录发生了何事及何时发生，但也给了他们自由以阐明其观点。研究者感到，这种格式允许日志作者"给进入他们的世界和工作领域设定一个程度上的限制"(Burgess,1994：308)。

全科医生的时间记录

萨瑟兰(Sutherland)和库珀(Cooper)也将时间记录作为他们研究英国全科医师(GPs)的不健康和对工作不满的一部分。全科医师被要求填写一份关于他们怎样度过每一天的详细记录,以便确定用于不同活动的时间总量,以及那些活动的必要性(或者相反)和目的。这份记录分六栏,标题是"开始时间"、"持续时间"、"活动"、"时间问题"(何人/何事/为何?)、"结果"、"感受/反应/进一步行动"(Sutherland and Cooper, 2003:184)。在开始的三四天后,或者当记录完成时,这些医生被要求将这些活动按重要性排序,这对于他们来说可能是记录实践中最难的一部分,他们也许会觉得自己做的每件事都很重要。

忙碌的大夫们被要求对他们的活动进行全天的记录,包含:时间问题的缘故,由于时间延误结果发生了什么事情,他们对这延误有什么感受(生气/挫败/高兴?),以及采取了什么行动。记录必须是"极小的努力就很容易地完成"(p.66)的,而且,毫无疑问,日志作者得确信这项实践有着某些目的。实际上,日志实践的原意是:"突显出中断事件、委托他人失败,以及别人扰乱你的计划的情形。最终,应该可能通过时间记录确定干扰的源头,使你优先进行重要活动"(Sutherland and Cooper, 2003:67)。预料识别了问题所在就可以让大夫们制定出行动计划,以改进他们的时间管理行为,并学会怎样"更精明而不是更辛苦地工作"(p.69)。我认为,很多压力大的全科医师都会感觉到,完成记录后,职业生涯改善了,压力小了,这样的努力是值得的。

哮喘治疗日志

鲍林(Bowling, 2002:426)报告了两项很有趣但很不相同的日志研究,它们是分别由海兰与克罗克(Hyland and Crock, 1995)和海兰(Hyland, 1996)自己进行的哮喘治疗对病人影响的日志配问卷研究。病人需要完成为期六个月的"生活质量"日志,但在很短的时段填完。起初,要求病人在两周的时间内每天记日志,随后,要求他们在每月的第一周记日记,记六个月;最后,在治疗后三到六个月,研究者发放问卷。他们得出结论说,"与问卷相比,日记证明更能与应答者的生理机能构成纵向关联,而问卷更能与生理机能构成横向关联"(Bowling, 2002:426)。

因此,数据采集工具的选择总是取决于研究目的、所需信息类型以及应答者的意愿,得看他们是否愿花必要的时间完成日志、问卷或者受访。

部门领导的重要事件记录和问题记录包

在很多方面,处理重要事件的技巧,采用了与伯吉斯的代课教师研究及萨瑟兰和库珀的全科医生的时间记录研究相同或相似的步骤。二者都努力鉴别工作行为的基本的、重要的方面,二者都关注哪些任务是"重要的",哪些是"不重要的"。奥克斯托比(Oxtoby)在他的英格兰和威尔士的继续教育学院部门领导(HoDs)怎样花时间的研究中,也使用了工作日志/记录,并首先就考虑了要求日志作者鉴别其工作日中的"重要事件"。他将重要事件定义为一种任务或事件,该任务或事件会影响到工作的重要部分的执行是成功还是失败(Oxtoby,1979:239)。他写道:

> 这想法就是搜集一些关于人们怎么办的报告,这些报告对改进工作绩效尤其有效,并且可以衡量事件对于整体工作的困难程度、发生频率以及重要性,将事件排序。在注重于发生的特殊事情和注重于被判为高效的行为方面,这一技巧胜过日志的使用。但这工作还是很辛苦的,而且无助于客观量化。
>
> (Oxtoby,1979:239—240)

使用工作日志/记录可能是弄清团体或机构中时间是怎样花的最简单且普遍接受的方法,但正如奥克斯托比(Oxtoby)所发现的:

> 自我记录可能不准确——许多为时较短的事件容易被忽略——而且汇编一份详尽的日志通常令人厌烦而且很累人。尽管就其能使人们更有效地使用时间而言,它无疑颇有价值,但日志并不能提供多少有关发展的技能或品质的可靠信息。此外,只要因为处理数据有困难,想到要用日志来比较大量员工及其工作的差异,就是非常令人生畏的。

因此,使用工作日志来分析部门领导行为的多样性具有很多障碍。

(Oxtoby,1979:240)

最后,他决定采用马普尔斯(Marples,1967)最早提倡的"问题记录包"的方法,该方法要求应答者记录每个问题是如何产生的、采用什么的办法解决、遇到什么困难等等信息。

正如将会从以上得以表明一样,在使用日志作为收集证据的方法时会产生问题,尤其是因为应答者填写表格需要时间。然而,日志能产生许多有趣的数据,而且管理起来相对简单——至少如果只有很少几个日志作者的话便是如此。然而,对填好的表格进行分析就不这么简单了,所以,在你让被试费神地填写日志之前,需要考虑一下如何分析应答。如果你正考虑采用日志作为研究项目的一部分,你可能会希望在发放之前参考一下本章末尾的清单。

个人研究日志

个人研究日志或记录属于与上述不同的种类。这是为你自己而做的,对于追踪研究进程和记录人名、地址、来电以及夜半产生的好主意——任何发生的(或可能发生的)事情——都可能是无价的。从任何研究或写作工作的一开始,我就总是随身携带一个笔记本,它小到可以装进口袋。关于什么应该采用、什么应该舍去,每个人都有不同的观点。我作这种决定没有任何困难,因为我把所有内容都包括在内了。粗略的笔记、目标日期(及完成或未完成的目标)、访谈日期、发放(及返回)问卷的日期。我曾与之交谈或会面的人的姓名和电话号码。经历的困难,对自己的告诫——不要再以这种或那种方式做某件事情!提醒我必须向图书馆员问什么。关于我或许可以如何解决……问题的笔记,某些事情或别的什么——当我坐在公交车里突然想起的事情。如果在当时我没有把它记下来的话,第二天应该就会全都忘了。也许会记得坐在公交车里时我曾经有个很好的想法但……到底是什么呢?当我在自助餐厅吃三明治时,有人告诉我一本参考书(对我而言是新的)。如果能记住的话,我离家去见某个人的时间以及返回的时间。每一条记录都附记日期。这个明天再做……把这个立刻写下来!将这些资料列入主要参考资料清单。我记得有位同学认为我草草记下所有事情的方法太没条理。也许是吧,但我的确已经开始,并且标明了需要进一步思考的条目;就像我在本书中说过很多次的,我们都有自己的工作方式,因此,应采用看来最适合自己的做事方式。就我而言,唯一的规则是:在研究一开始就要记日志、记录(随便你怎么称呼都行),并且坚持下去。

采用日志法的道德规范

伯吉斯(Burgess,1994:308)表达了对日志作者生活的干扰程度的关注,并敦促研究者对这种可能性保持警惕。例如,在食物日志中,他要求研究者在选择日志方法前,考虑到该实践对孩子们及其家庭生活的干扰程度。他将我们的注意力引到这个事实:如果代课教师日志的目的是"获得研究者别无他法可见的被掩盖的资料……那么这种方法在多大程度上干扰了教师的生活和工作?"(p.308)。我猜想,在访谈、问卷和观察中也可能存在着干扰。研究者在其研究中频繁使用日志作为几种采集数据的方法之一。所有我能说的就是,在作出决定采取哪种方式之前,定要考虑到我们的研究对应答者的影响;也应在日志研究中考虑到同样的道德规范问题,正如在采用其他任何方法或技术时一样。

日志、记录及重要事件清单

1. 确定你需要知道什么。　　　　列出所有需要的信息条目。
2. 问问自己为什么需要这信息。　你可能会确定最终却不需要它。
3. 日志或重要事件清单是否为获得信息的最好办法?　另一种办法会不会更好?
4. 填写日志对于受教育背景有限的人并非都是一体适用的方法。　确保你的应答者能理解并满足你的要求。

5. 操作指导必须简洁。 日志作者必须十分清楚你想让他们做什么。
6. 确保应答者知道为什么要求他们进行这项令人厌烦的工作,以及你打算如何处理这些信息。 在筹划阶段留出时间来与你的应答者讨论一下涉及的东西。
7. 在向应答者发放日志表之前,总是要先试点。 无论你多忙,这都得做。
8. 在你要求别人填写日志之前,要决定打算如何处理那些应答。
9. 努力抽时间与日志作者核查日志的进展情况。 如果你要求人们执行这项任务不止一天,那么似乎有证据表明,挂念地询问事情的进展情况会有助于他们坚持这项任务。
10. 切记要得到允许才接近日志作者。
11. 尽快记下你的发现。 试点实践将会给你一些关于主标题及如何分析的启示。
12. 填写日志是一项令人厌烦的工作。别忘了感谢你的应答者。 如果你能够,就给他们反馈;但如果你可能没时间,就不要承诺任何事情。

补充阅读

Bowling, A. (2002) *Research Methods in Health: Investigating Health and Health Services*, 2nd edn. Maidenhead: Open University Press. Ann Bowling, writing about the use of diaries with patients, refers to two major diary exercises relating to a trial of asthma treatments. See Hyland, M.E. and Crocker, G.R. (1995) 'Validation of an asthma quality of life diary in a clinical trial'. *Thorax*, 50: 724–30. Also, Hyland, M.E. (1996) 'Diary assessments of quality of life', *Quality of Life Newsletter*, 16: 8–9.

Burgess, R.G. (1994) Chapter 21, 'On diaries and diary keeping', in N. Bennett, R. Glatter and R. Levačić (eds) *Improving Educational Management through Research and Consultancy*. London: Paul Chapman Publishing, in association with The Open University. In this chapter, Burgess discusses the use of logs, diaries and journals, and includes examples of the supply teacher project considered in this chapter and also of an interactive video use diary. He includes ethical questions relating to intrusion into the lives of respondents.

Hart, E. and Bond, M. (1995) *Action Research for Health and Social Care: A Guide to Practice*. Buckingham: Open University Press. Pages 201–4 give two extracts from diary studies, one relating to outpatients' clinic experiences; the second an extract from a log.

Hayes, N. (2000) *Doing Psychological Research: Gathering and Analysing Data*. Buckingham: Open University Press. Chapter 9, 'Analysing documents' (pp. 147–55), gives useful guidance about the advantages, disadvantages, design and analysis of diary studies. Worth consulting.

Morrison, M. (2002) Chapter 13, 'Using diaries in research', in M. Coleman and A.R.J. Briggs (eds) *Research Methods in Educational Leadership and Management*. London: Paul Chapman Publishing. This chapter provides examples of extracts from several diaries and includes sections on researchers' and research informants' diaries, the design and analysis of diaries and combining diaries with interviews.

Sutherland, V. and Cooper, C.L. (2003) *De-stressing Doctors: A Self-management Guide*. London: Butterworth Heinemann.

11 观察研究

在开始考虑将观察作为你采集数据的方法之一之前,你首先得知道你希望观察的是什么,你所感兴趣的主要领域是什么,以及为什么你觉得通过观察能获得需要的信息,毫无疑问再次提醒你这些显得没有必要。它是采集数据的方法之一呢,还是唯一的一种?你觉得观察是一种可以验证别的证据的形式吗?你真的需要从观察得到证据吗?因为它需要相当多的技巧,"创新思维的能力和发现重大事件的本领。它当然不是一种简单的选择"(Nisbet,1977:15)。仔细的筹划和试点是很有必要的,需要练习才会从这种方法得到最多的信息。然而,一旦掌握了,它就可以揭示其他方法所无法发现的群体或个体的特点。就像尼斯比特和瓦特(Nisbet and Watt,1980:13)指出的那样,访谈提供了重要的数据,但它们揭示的只是人们怎样察觉到发生了什么,不一定是实际上发生了什么。观察对于发现人们是否做了他们说会做的事情或者是否以他们宣称的行为方式行事特别有用。然而,观察也取决于人们理解观察对象正在说什么或做什么的方式。

有时,我去参加一些会议,跟同事讨论过发生了什么之后,我就开始疑惑我们参加的是否是同一个会议。对于谁说了什么、作了什么决定,我们有着非常不同的回忆。如果三四个人站在窗边远眺一条繁华的街道,观察五分钟左右正在发生的事情,然后详细写下他们所看到的,描述可能各不相同。观察者将各有其侧重点,并将以他们各自的方式阐释重大事件。作为观察者,我们"过滤"从观察中获得的信息,那样就可能使我们把自己的解释加于观察到的事情上面,因而不能理解"一项活动对身处其中的人意味着什么"(Darlington and Scott,2002:75—76)。

我们都难免会犯错,这一事实并不意味着把观察当做数据采集方法之一的做法没有意义,而是意味着我们得特别注意存在的危险,努力消除预设的观点和偏见,并不断留意可能的偏见迹象。

单独的观察者经常面临着由于偏见或曲解而被谴责的危险,尤其是如果你在自己的专业领域进行研究,你会努力说服甚至是胁迫朋友或同学参加尽可能多的观察。

观察可以是结构性的或者非结构性的,参与式的或非参与式的。每种方式都有优点和缺点。所有这些都要求一定程度的专业水平,有些比其他的要求更高;但如果你在深思熟虑之后已经决定将观察作为数据采集工具之一,那么你就得决定采取哪种方式以及为什么。

非结构性观察

决定采取非结构性的方式进行观察的研究者一般会这么做,因为虽然他们可能清楚地知道研究的目的,但对细节可能还不是很清楚。他们准备花充足的时间进行实地考察、熟悉程序及数据的积累,他们期望焦点及结构会从这些工作当中显现出来(Punch,1998:186)。换句话说,就像在扎根理论(grounded theory)里一样,研究者会"推迟下定义及建构事实,直到已经观察了一种模式……研究者从数据形成概念性类别,然后继续实地考察以便在数据仍可使用时使这些类别更精细"(Bowling,2002:367)。

非结构性的观察可能对形成假设很有用,但不易于操作。如果你的研究性质把你引向了非结构性的观察,那么尽可能广泛地阅读,并问同事和朋友看他们是否认识成功地运用了这种方式的人,并在全心全意采用这种方式前向你的导师咨询——采用其他方式也同样要向导师咨询。

参与式观察

非结构性观察的一些缺点也可能出现于参与式观察当中,它涉及到研究者参与到被研究个体、群体或团体的日常生活中并聆听、观察、质疑和理解(或试图理解)被研究个体的生活。在有些情况下,研究者为了被接受成为群体当中的一员,可能已经数月甚至数年在某个社区中生活了。在其他情况下,研究者处于群体之外,像莱西(Lacey,1976:65),他写了有关他在"高镇语法学校"的经历,他在那里待了三年,教学、观察课堂并与教师和学生谈话。

科恩、马尼恩和莫里森(Cohen, Manion and Morrison)引导人们注意到一些针对参与式观察的批评:

> 通常从参与式观察得来的描述反映了对定性数据的批评……它们被描述为主观的、有偏见的、印象主义的、异质的并难以精确计量的措施。这些措施是调查研究和实验研究的标志。没有什么能比与一群少年罪犯生活一段时间更能了解他们的生活了,虽然这可能是真的,但参与式观察的批评者会指向由于在这样的群体里扮演角色而"被同化"的危险。
>
> (Cohen et al.,2000:313—314)

有经验的参与式观察人员都很清楚偏见的危害性,但是当你认识群体或组织里的所有成员时,很难让自己以旁观者的角度采取客观观察者的立场。如果你正在自己的组织里搞研究,你将很熟悉同事们的个性、实力和缺点,这种熟悉可能会使你忽视他们行为的某些方面,而一个非参与式观察者首次观察该情形时马上会明显意识到这些方面。

尽管存在着一些批评,参与式观察也能产生有价值的数据。研究者可以随着时间的流逝观察变化。参与式观察者可以共享他人的生活及活动;可以学习他们的语言并解释其含义;记住他们的行动及谈话;在他们的环境里与他们进行交流,而不是依赖于一次性的观察或充其量是在一段有限的时间内进行的观察(Burgess,1982:45)。通过聆听和体验,"印象形成了,理论得到了仔细的考虑、发展和修改"(May,2001:174)。梅(May)认为:

> 参与式观察不是一种可以简单地操作并分析的方法,但尽管存在着对它的批评,它却是一种系统的、严格的研究。如果操作得好的话,它对于了解人类行为有很大帮助,与此同时它带来认识世界的新方式。
>
> (P.174)

我同意上面的观点,但在100个小时的项目中,采取参与式或非结构性观察将是不明智的,除非你已经有经验、有时间并非常熟悉相关的技巧。为了从数据中推导出有价值的信息,你可能需要采用一种建构得更好的方法,并设计某种记录的形式以便于标示那些你已预先标示的与研究非常相关的行为的某些方面。

结构性观察及保存记录

结构性观察也可能由于主观和偏见而遭到批评。你已经明确了焦点而不是让焦点自己产生。然而,你将会形成假设或确定研究目标,观察行为的某一方面的重要性将变得很明显。

无论你的观察是结构性的还是非结构性的,无论你是作为参与者还是非参与者进行观察,你的角色都是以尽可能客观的方式观察和记录。

不同的观察者会,而且确实是,对现实情形产生不同的说明,这让所有希望将观察作为采集数据的方法之一的研究者担忧。在登斯库姆(Denscombe)看来:

这正好是系统观察提出的问题,它使用了观察表。观察表的整个目的是将从数据中产生的差异最小化,可能的话将它们消除,这些差异是基于对时间和情形的个人理解之上的。其目的是为观察提供所有观察者都将利用的框架。

(Denscombe,2003:194—195)

观察表可以采取清单、日志、表格、时间或重要事件记录表的形式——或者适合你目的的任何方式。斯普拉德利(Spradley,1980)、威廉姆斯(Williams,1994)、登斯库姆(Denscombe,2003)和鲍林(Bowling,2002)都举了图表、网格、类别及其他记录方法的例子,这些将为你设计自己的观察表提供一些有用的启示。不幸的是,尽管存在着已经被研究者用了很多年的可靠方法,却从没有一个很适合于某一特殊任务的例子。不可避免地你会发现自己得改造或设计一种全新的方式,所有的新体系都需要认真试点并根据经验再改善。如果你只能接触到一个群体或参加一个会议,你得很确定自己选择的记录方法可以付诸实践。你可能需要设计自己的速记符号系统并将其记住,因为你不能在参加会议或观察某一群体期间老是查阅笔记。你需要事先决定多久记录一次正在发生的事(一直?每三秒?每五分钟?每二十分钟?)以及跟谁(群体?个体?)。

准备工作很重要。表格和座位安排都需要准备。你需要与任何主管的人商量坐在哪儿最好。见解各异。在一个演讲室里,坐在学生都能看见你的地方有一定的好处。至少他们不用经常转过头来看你在做什么,但如果参与者有其他意见的话,听一下——并服从。观察者从来不可能会完全不被注意到,但目标是要尽可能不张扬,这样被观察的行为才能尽可能接近正常。

记下所有的东西是不可能的,所以你需要弄清楚你感兴趣的是一个群体或会议的内容还是过程,是个体之间的交流、发言的性质还是诸如提问技巧的有效性等某一具体的方面。一旦你决定自己希望弄清什么东西,并且确信自己需要该信息来继续自己的研究,那么接下来你该考虑什么样的记录方法最适合你的目的。

记 录 行 为

记录行为最常用的方法之一是建立在"交流过程"分析系统的基础上的,它最早是由贝尔斯(R. F. Bales)在 1950 年发明的。他发明了一种在 12 个小标题中的一个的下面进行分类或编码的方法,使得观察者能够记录群体中个体的行为。他的行为类别的例子就是"表示张力释放",然后他确定了表示张力释放的迹象(开玩笑、大笑、表示满意),还有"表示敌对"(杀别人的威风、为自己辩解或坚持己见)。自 1950 年以来已发明了许多不同种类的方法,一些相对简单,其他的非常复杂。源自贝尔斯行为分类方法的弗兰德斯(Flanders)体系是最出名的方法之一。弗兰德斯(1970)设计了教师/学生行为的十种类别(弗兰德斯交流分析类别),观察者将其用做对课堂中发生的事情进行分类和记录的基础。观察者被要求每三秒钟记录一下正在发生的事情,并在已准备好的图表中填入适当的类别编号。弗兰德斯型体系的问题在于类别非常复杂,有许多子类,不可避免地需要观察者作一些价值判断,看看哪一个类别最接近特定的行为类型。

每三秒钟进行记录的要求意味着观察者必须非常熟悉类别及其判断标准,并能立即回忆起为行为的特定方面指定的编号。这需要相当多的实践。分类体系越复杂(所以越全面),操作起来越难。

我得坦承我使用了一次"每三秒"的方法,但失败了。努力保持时间观念,同时在弗兰德斯型小标题下对活动进行观察和分类变得不可能,因此需要设计一个更简单的体系。我不得不返回到基本的东西,再一次问问自己为什么要观察这次会议。我到底想弄清楚什么?有哪些适于记录的?只有在那时我才能消除一些不相关的东西并开始简化类别。

我认识的多数研究者都设计了自己的类别体系,并把它们限制在三到四种。谁是富于攻击性的?谁浪费时间?谁积极推动会议事宜?谁对很多(或所有)提议都不满?你对这些感兴趣吗?——或者这些都不能引起你的兴趣?问问自己你更感兴趣的是个体的行为还是说话的内容。或者也许你只关注每个人的发言长短及谁从头至尾一直保持沉默。如果你的类别之一恰好是"不同意",参与者不一定需要说话。很多信息可以从"沉默"个体的面部表情、点头、皱眉或者表示不满的迹象推断出来。由你自己决定自己的类别,而且一旦决定了也由你自己设计记录方法。

观察的记录方法是个人偏好问题。如果你在观察某次会议,那么在会议开始前有个像图表11.1那样的计划表是很有用的。每个类别都给予了一个数字,很明显你能知道哪个数字对应哪种类别。在图表11.1中,如果类别数字1代表攻击性的行为,那么每次参与者有这种行为迹象时你就在他下面或旁边写上"1"。或者你也可以像图表11.2那样以图表的形式记录行为。

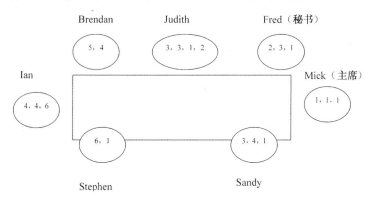

图表 11.1　依据类别记录个体行为的表格设计

也可以把发言贡献画在曲线图上,或以任何一种能清楚说明其性质的方式展示出来。总是记着仅仅展示观察到的信息是不够的。对意义(或缺乏意义)的评论也是必需的。

参与者	1	2	3	4	5	6	合计
主席(Mick)	√√√						③
秘书(Fred)	√	√	√				③
Judith	√	√	√√				④
Brendan				√	√		②
Ian				√√		√	③
Stephen	√					√	②
Sandy	√		√	√			③
合计	⑦	②	④	④	①	②	

图表 11.2　记录每个行为类别条目总数的图表

内　　容

对会议或小组讨论内容的分析更加简单。如果主要的兴趣在于谁作出了最多的贡献、花了最多的时间发言(没有必要是相同的内容),那么就可以建立一个像图表11.3那样简单的线条图。在这种情况下,斜线代表表中所指的人作了固定时间的发言(比如说半分钟或更少)。后面的横线代表同一个人继续作了相同固定时间的发言。

参与者	
Mick	/// =
Fred	
Judith	/ ≡ //
Brendan	//
Ian	//// = / ≡
Stephen	//
Sandy	/ = //
复合发言	///

图表 11.3　记录个体发言贡献的图例

前面的例子看起来相当易于操作并且应该会提供有用的信息,虽然是有限的。如果所有你需要知道的是谁讲得最多或者哪些话题占了最多的时间,那么这些例子就足够了,而且对这些图表的改造版本已经被有效地应用于许多不同的情形中。然而,如果你想要找出谁讲得最多的是什么,那么就需要一个更复杂的体系,而且最好在观察期间做更全面的笔记,然后把它们转化成一个总结表。

尽你所能进行一些观察实践以试验你的记录技巧。如果你有机会(并获得允许)作为观察者参加一次正式会议,那么问一下你是否可以事先看一下议程安排。这有时可以做得到,有时不行。如果你能看到将讨论什么的话,对你会很有帮助的,因此值得问问。

如果你不能参加任何会议、小组讨论或进入课堂,那么就借助电视节目练习你的记录技巧。政治性讨论很好,因为它们常常会演变为争论,大家都同时在说。仅仅选择三种类别,像"不同意"、"敌对"和"赞同",但要确保自己清楚你是怎么定义每种类别的。"敌对"的迹象是什么(大喊大叫、指着手指、讥讽或其他?)设计你自己的图表并检查自己是否能记下所有的发言贡献。十分钟可能就足够了,但是这十分钟会让你认识到记录的复杂性,即使是在你的类别看上去非常清楚的时候。你可能发现类别有时会重叠,讨论的发言可能很快且很密集,所以你得集中精力,看说话人的表情,仔细聆听,寻找混合信息,并在合适的时候、合适的地方记下数字。第一次设计的图表并不一定适合你,因此你需要设计一个或两个不同的图表,看哪个易于用来记录、进行事后的分析和解释。

简短的再次提醒

在本章的开始,我说过观察常常能揭示其他方法所不能发现的群体或个体的特征。在许多广泛使用观察方法的研究中已经证明了这一点,但是你必须非常小心以保证你在观察期间取得最多的收获。你不会有三年的时间以完全开放的心态开始一个调查,并随着你研究的继续逐步形成假设和方法。可能你只有一次机会观察一个会议、一组人或一节课,所以你就要非常了解你观察的目的以及你为什么要观察这个特定的小组或个体。你可能发现,在观察期间出现了无法预见而且有趣的信息,但是你最终采集的数据类型将主要依据你在观察之前所作的决定。如果你在会议前决定你的主要兴趣在于会议的内容,那么设计图表、网格或清单时要把这个目的记在心里。这个时候记录交流行为就太晚了。如果你的主要兴趣在于过程,那么你就要寻找其他方法来记录一节课或一次会议是怎样进行的。在你选择并且改善方法的时候,你要一直把相同的老问题记在心里:"我需要知道的是什么?"、"我为什么需要知道该内容?"以及"当我得到这个信息以后,我该怎么处理它?"。

对记录的试验性练习和实践将会回答其中的一些问题,并且指出方法中存在的缺陷。当你开始一次性的观察练习时,你需要尽可能地确保你准备好了。

观察之后

进行了观察并作了记录并不意味着任务完成了。如果你在观察一次会议,而且在会议的结尾感到徒劳无益,你就需要分析原因了。会议的程序总的来说太正式了吗?主席(或其他人)的发言占了80%的时间吗?一些人的发言没有被考虑到吗?一些交流分析的形式能帮助你划分程序和内容,但是无论你选择哪种记录方法,事后尽快把问题作为一个整体来考虑是很必要的。在心中回顾发生了什么,并且确定能否从中得出一些结论,把它们用于你的研究里可能显得很有趣。

尽管网格、图表和清单很有用,但它们是有限的。它们不能考虑到某些交流背后的情感和微观政治过程、群体中主要成员的影响力以及他们可能对会议讨论的进行方式和得到决定的方式所产生的影响。

记录并累加表示敌对、同意、不同意或进行了一段具体时间的发言的委员会或小组成员的数量,这项工作很重要,但更重要的是把你所观察到的放在其组织和/或课堂背景中,超越事件本身进行观察,以及——用尼斯比特的话说——"发现重大事件"(1977:15)。

观察研究清单

1. 确切地决定你想要知道什么。	列出所需信息的所有话题/方面。
2. 考虑你为什么需要这个信息。	检查你的清单,并删除与任务没有直接联系的条目。
3. 观察是你获得所需信息的最好方法吗?	考虑其他可供选择的方法。
4. 决定你需要调查哪些方面。	你对内容、过程、交流、干预——还是其他什么方面,特别感兴趣?

5. 获得观察许可。 疏通官方渠道,并讨论将会牵涉到有关个体的情况。

6. 设计合适的网格、清单或图表。 查阅已出版的例子,并且在需要之处作出调整。决定你的类别。

7. 思考你将怎么处理这些信息。 它可能提供有意思的东西吗?这些数据足够完整以让你能够得出任何结论吗?

8. 试验你的方法,如果需要,作出修订。邀请某人跟你一起观察。随后比较一下笔记,看你们是否看到了相同的事情。 记住类别。设计你自己的速记体系(符号、字母等)。练习记录,直到你有把握能应付。

9. 观察之前认真准备。 绘制房间设计图,确定座次安排和布局。确保你有足够份数的网格和清单。参考以前会议、议程、工作策划的详细内容等。

10. 和任何主管的人及将要被观察的人商量你坐在哪里。 你应该尽可能不张扬。根据你自己的个人爱好和参与者的意见决定你确切坐在哪里。

11. 记住无论网格多么复杂,也不能反映全部内容。 尽量把事件放在其组织背景中。在观察之前尽可能多地获得关于机构/组织/社区或群体的信息。

12. 进行过程中总是把实地笔记整理成文,并为总结表增加内容,记下你对重要事件的感受。 如果你要等到自己有时间才做,你会忘记重要的内容。

13. 分析并解释数据。尽力消除偏见或曲解。 对所观察到的东西的陈述只是工作的一部分。思考一下事实说明或暗示了什么。

14. 不要忘了感谢那些允许你观察的人。 你可能会再一次需要他们的帮助!

补 充 阅 读

Bowling, A. (2002) *Research Methods in Health: Investigating Health and Health Services*, 2nd edn. Maidenhead: Open University Press. Chapter 25, 'Unstructured and structured observational studies', provides useful information about participant observation; gaining access; establishing validity and reliability (reducing observer bias); structured and unstructured observations; and analysis and categorization of data.

Page 375 gives a useful summary of the main points covered in the chapter.

Darlington, Y. and Scott, D. (2002) *Qualitative Research in Practice: Stories from the Field*. Maidenhead: Open University Press. First published in 2002 by Allen and Unwin in Australia. Chapter 4, 'Observation', is helpful and well worth consulting. The authors provide guidance about the observation process, including useful reminders about the ethics of observation. This chapter also includes discussions with two researchers who used observation in conjunction with various other methods of data collection.

Denscombe, M. (2003) *The Good Research Guide*, 2nd edn. Maidenhead: Open University Press. Chapter 11, 'Observation', of the second edition of this excellent book is well worth consulting. Denscombe covers the advantages and disadvantages of systematic observation; observation schedules; types of events and behaviour to be recorded; suitability for observation; sampling; the advantages and disadvantages of participant observation; making field notes (and the dangers of field work) and ethics. Two useful checklists are provided, one concerned with observation schedules and the other a general checklist dealing with participant observation.

May, T. (2001) *Social Research: Issues, Methods and Process*, 3rd edn. Buckingham: Open University Press. Chapter 7, 'Participant observation: perspectives and practice', pages 146–74, deals with the practice of social research (the researcher's role, access, field notes); the analysis of observations; and issues in participant observation.

Moyles, J. (2002) 'Observation as a research tool', in M. Coleman and R.F. Briggs (eds) *Research Methods in Educational Leadership and Management*. London: Paul Chapman Publishing.

Punch, K.F. (1998) *Introduction to Social Research: Quantitative and Qualitative Approaches*. London: Sage Publishing. Pages 184–90 consider structured and unstructured observation, recording observational data, ethnographic observation and participant observation.

Williams, G.L. (1994) 'Observing and recording meetings', in N. Bennett, R. Glatter and R. Levačić (eds) *Improving Educational Management through Research and Consultancy*. London: Paul Chapman Publishing. Chapter 22 is thorough and helpful. Williams discusses content and process observations, decision-making processes and problem solving. He also includes several observation forms which may give you some ideas about how to design your own.

第三部分

解释证据并汇报发现

引　言

　　借助调查问卷、访谈、日志或其他任何方式采集到的数据直到被分析和评估后才有价值。任何小型或相当小的调查研究都不建议怀着某些东西会自动显现出来的期望来采集大量信息,尤其对研究的新手而言,更是如此。如我在本书开始部分的导言中所述,你们当中那些统计背景有限的人不能尝试涉及高级统计技术的高度复杂的调查,但是那并不意味着不能进行一项有价值的研究。这完全是一个在你的专业水平内选择适合该任务并且容易进行分析、解释和表述的研究方式来进行研究的问题。

　　如果在某一阶段你决定进行大型的定量研究,那么无疑你需要开始了解统计过程和像社会科学统计程序包(SPSS)之类的一系列的计算机技术和软件。高等教育的每个机构都应该会有专家做顾问。充分利用他们。他们会使你处于正轨,并确保你不会把宝贵的时间浪费在执行错误的路线上。

　　在很多项目和论文中,只需了解像平均数和百分比等简单的算术过程就足够了。如果你的数据采集措施设计得很好,而且已得到了很好的指导,那么你就已经为采集、分析和表述信息做好了准备工作。

在你开始下两章的学习前,有许多先前已被提出但还需要重申的问题。在第一章,我简要地讨论了总结概括的问题。贝西(Bassey,1981:85—86)提醒人们注意在数据不足的情况下总结概括所产生的问题,并充分阐明了个体研究者在有限的时间范围内进行研究以回答某一现存的或潜在的问题的理由,这样的结果有可能对该机构有用处。他觉得这样的研究可能对解决某一特殊问题有点用处,或者可能引起对如何解决一个特殊问题的有依据的讨论。他称赞了对单一教学活动的描述性的、可评估的研究并(在关于教育案例研究方法的写作过程中)总结道:

> 评判案例研究价值的一个重要标准,就是其细节对在相似处境下工作的教师把自己的决策和案例研究中所描述的联系起来的充分程度和适合程度。案例研究的关联性比其概括性更重要。
>
> (Bassey,1981:85)

在这里我再次提出此问题是因为在分析、解释和表述数据时,必须注意主张的结果不应超出证据所能支撑的范围,同样必须注意的是不要尝试在不充分数据的基础上进行总结概括。在一个相对较小的项目中,总结概括可能是不可靠的,但是关联性是完全可能的。准备得很好的、小规模的研究可能会向人们告知、阐释信息,并为机构内部决策提供基础。就这一点而论,它们会很有价值。无需为不能做概括而道歉,但是如果企图通过操纵数据来证明超出可以合理主张的言论时,就很有必要为此而道歉。

12 解释证据并汇报发现

你需要记录、分析并解释从问卷、访谈表、清单等处得到的原始数据。对一个研究者或读者来说,成百条不同的有趣的信息没有任何意义,除非把它们分类并进行解释。我们不断地寻找相似点和不同点及有着特殊意义的归类、模式和项目。

在采集数据之前,你可能对类别有些想法。直觉告诉你,很有可能应答会落在六个或七个主要类别中的任何一个。太依赖于预期的想法可能产生危险,尤其是你提问的方式有可能引导调查对象用特定的方式来进行回答。然而,假定你已经消除了这种偏差,你最初预想的类别将是整理调查结果过程的开始。随着研究的继续,其他类别无疑会出现,但你应以大致的类别开始,只有当更具体的类别很明显应该有自己的标签时,你才采用它们。

在第8章里,迈克尔·扬曼(Michael Youngman)认为,在问卷调查当中,认定问题的类型并且想出分析和介绍应答的途径是有帮助的。你可以想起他列举了七种问题类型(列表、类别、数量、排序、网格、量表和文字的)。在本章当中,这些问题类型当中的一些将被用来说明应答可能被解释和展示的方式。

列表型问题

比方说你想要弄清你的成人学生在注册该课程之前已获得的资格。你设计一个列表型问题,请被试在适当的方框里打钩。他们也可能在不止一个方框里打钩,所以你将要为处理多项应答做好准备。在问题 1 中,类别已经被选好了(无、专业资格、成功通过了入学考试或重修该课程、A 级或同等水平及其他)。

在发问卷之前,要准备一个所有问题的汇总表,这样一收到回复就能把它们记录下来。我们都有自己记录回复的方法,但是如果你决定一个问题接一个问题地记录,下面的方法可能再简单不过了。

问题 1

开始学位课程之前你有什么资格?
(请在适当的方框内打钩)
无 ☐ 专业资格 ☐
成功通过入学考试或重修该课程 ☐ A 级或同等水平 ☐
其他 ☐
请具体说明:

问题 1 的汇总表

问题 1:开始学位课程之前持有的资格?				
无	专业资格	通过了入学考试或重修该课程	A 级	其他
6	28	32	12	16

第三部分 解释证据并汇报发现

一旦填完了汇总表,你就了解了成人学生在开始他们的学位课程之前所持有的资格类型。可以用各种各样的方法展示这些信息。简单的表格是一种选择,在表格后面用注释突出任何让人感兴趣的条目(见表12.1)。

表12.1 开始学位课程之前成人学生持有的资格

无	A级	专业资格	入学/重修	其他
6	12	28	32	16

这里需要在一张单独的纸上记录所有"其他"资格的清单,而且如果出现足够多的反复出现的种类,可以在注释中对它们作出旁注。

纵条图是另一种选择(见图12.1)。用横轴表示变量(资格),用纵轴表示频率(学生数)。(注意,'n'=数量。)

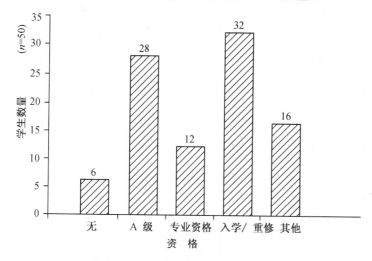

图12.1 开始学位课程之前,学生的资格

哪一种方法更清楚?表格还是纵条图?不能告诉你任何有意义的信息的任何数据都可以排除掉,但是这儿有一些耐人寻味的特征。在我们的样本中,50个学生中有32人(64%)选择入学/重修,而只有12人(24%)选择A级或同等水平。发现哪一组在考试中表现得更好一些可能会很有趣。6个学生(总数50的

12%)入学时根本就没有资格。那么他们是怎样为大学学习做准备的？他们能应付得了吗？在访谈中了解这些和类似的问题可能会有用处。

数量型及类别型问题

乍一看，被迈克尔·扬曼称为数量型和类别型问题的东西处理起来更简单一些。它们只要求一个回答。对数量问题的回答是一个数字（准确的或大概的），它给出了某些特征的数字总和。对类别型问题的回答是给定的一组类别中的一个。例如，如果年龄类别是给定的（20～29，30～39，等），回答者只能属于一种类型。

在成人学生的研究中，你可能需要知道学生的年龄。如果你在问题的措辞上花了时间并且琢磨了每个问题的焦点，你就已经决定了自己是否想知道成人学生注册时的年龄、完成问卷时的年龄或是他们在其他阶段的年龄。由你决定问一个直接的问题。

问题 2

你第一次注册修读学位课程时多大年纪？

你将怎么处理回答？你究竟想要知道什么？是学生的平均年龄吗？如果是的话，你就要决定哪种平均年龄（或集中量数）将合乎你的目的——算术平均数、中位数或众数。

集 中 量 数

算术平均数是简单的。把每项（或数值）相加，然后除以数值的总数得出算术平均数。所以，如果我们找到 12 个被试（A组），他们的年龄是 26、26、27、28、29、30、30、31、32、33、34、34，把这些数值加在一起：这样得出 360。用 360 除以 12。得出的平均数是 30。

另一个有 12 个被试的组（B组）可能有不同的年龄范围。

例如，21、22、24、25、25、29、31、31、32、35、40 和 45。平均年龄也是 30。但在这两个个案中，结果的离散度有明显的区别。

中位数让我们发现中间值。当范围的两端或任何一端出现可能在相当大程度上影响平均数的极值时，这就特别有用了。为了发现中位数，必须按顺序列出数值——在这个个案中，已经这样做了。如果数值的数量是基数，中间的数值就是中位数。当我们有一个偶数值的时候，就像在 A 组中一样，取两个中间值(30＋30)的平均数，那么 30 就是中位数。在此个案中，平均数和中数是一样的，其原因是任何一端都没有极值。年龄是稳步增加的。但是如果年龄是 21、22、29、29、30、30、33、33、33、36、39、84，那么差异就会变明显。平均数将会是 34.9，而中位数将是中间两个数值的平均数 31.5。然后你就需要决定中位数是否比平均数描绘得更真实。

不经常用于小型研究的**众数**，它与最频繁出现的数值有关。在上一个例子中，众数是 33。

这些集中量数的每一个都有不同的用途。和往常一样，它完全取决于你需要知道什么和为什么。

再看一下 A 组和 B 组的例子。两个组有很不同的年龄分布。在 A 组中，数值范围从 26 到 34，因此年龄靠近平均数和中位数。在 B 组中，年龄从 21 到 45，没有围绕在平均数旁边。值得对此作出评论吗？如果值得的话，必须找到处理分布测度或离差量度的途径。一般采用的量度是**全距、四分位距和标准差**。

全距不过是最大数值和最小数值之间的差数。A 组的全距是 8 年，而 B 组的全距是 24 年。全距不是一个特别好的离差量度，因为它会被一个高值和/或一个低值影响，而且不考虑整个组中间的应答的数量。

四分位距描绘得更准确，而且降低了整个范围极值的重要性。它源自中位数。它忽略量数最高的四分之一和最低的四分之一，引用数值中间的 50%。

对于 A 组，不计最高的 3 个数值(34、34 和 33——12 个数值的四分之一)，同样不计最低的 3 个数值(26、26 和 27)。这样得出一个四分位距 28—32，或四年。

对于 B 组，不计数值 45、40 和 35，同样不计数值 21、22 和 24。这样得出一个四分位距 25—32，即七年。值得对此作出评论吗？在有些个案中，肯定是值得的。如果中位数被选为一套数据平均数的最好标示，那么四分位距就能反映数据变化的程度。

如果已经选择了平均数，那么就不得不用标准差来概括分散度。它反映了展布及数值不同于平均数的程度。它把数值用于整个组而不是用于一个部分，而其他的方法却不是这样。任何关于统计学的书都会用数学上的方式来定义标准差并说明如何计算它。手工计算是单调乏味的，特别是计算一个大组的标准差时更是如此。然而，一些计算机可以很快地进行这样的计算，而且这种计算被写进许多计算机程序，这样标准差与平均值就一起自动被算出来。事实上，A 组的标准差是 2.8，B 组的标准差是 7。

在这两个组的情况下，所有的量度——全距、四分位距和标准差——都表明 B 组比 A 组有更宽的展布。单独使用的话，平均数和中位数可能不足以描绘一个完整的数据画面。你将需要决定，当你分析和解释数据的时候，是否也需要这些离差量度中的一个。

准确算出从问题 2 中所得到的数据的平均数和中位数是件简单的事儿。然而，你可能觉得自己不想问被试他们多大了。也许你认为让他们在适合自己的年龄组内打钩或者画圈更慎重一些。你要决定，你是想以 5 年（或组距）一组（20—24，25—29）或者是 10 年一组（20—29，30—39）。需要 5 年一组有多重要？如果回答是"不是很重要"，那么就采用更宽的跨度。这样将易于掌控。

确保你的指导说明是清楚的。在选择型问题 2 中，要求回答者在适当的年龄组下面的数字上（1—5）画圈。一个 32 岁的应答者将在 30—39 年龄组下面的数字上画圈。你要特别仔细，从而确保提供被试的全部年龄范围。

选择型问题 2

你第一次注册修读学位课程时的年龄				
20—29	30—39	40—49	50—59	60+
1	②	3	4	5

如果你想要从组距中找出回答者年龄的算术平均数,也是很容易的。找到每一个组距的中点,然后用每个组的回答者个数乘以那个年龄。即中点×频率,如下:

表 12.2 回答者年龄的算术平均数

年龄	频率	中点	中点×频率
20—29	34	25	850
30—39	10	35	350
40—49	4	45	180
50—59	1	55	55
60+	1	60	60
合计	50		1495

用被试的个数(50)除 1495,得出平均数 29.9。第一个组距(20—29)既包括那些在 20 岁生日开始高等教育的学生,也包括那些在 30 岁生日前开始高等教育的学生。所以,除最后一组(60+)外,时间间隔将近有 10 年。预计通常只有少数应答者属于最后一组。在上面的例子中,唯一的应答者可能是 60 岁以上的任何一个年龄,所以有必要制定一个随机的中点。为了满足该研究的目的,选择 60 岁作为中点。

表 12.3 最初注册时学生的年龄分布

年龄	学生数量
20—29	34
30—39	10
40—49	4
50—59	1
60+	1
合计	50

然后,你就需要决定怎样用一个最能阐明样本中年龄平衡的方法来展示信息。你有几个选择。你可以提供一个直接来源于汇总表的简单图表(表12.3)。

相同的数据可以由直方图表现出来。直方图和条形图一样,但是条形图更直观,能反映变量的连续性,在此个案中,变量是"年龄"(图12.2)。

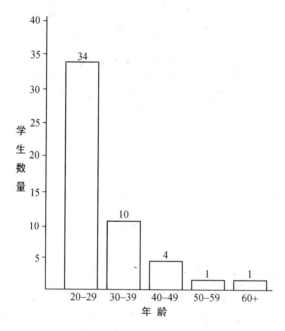

图 12.2　最初注册时成人学生的年龄分布

或者,你可能认为圆形分格统计图会展现一个更清晰的(或不同的)画面。圆形分格统计图不好画,除非你可以使用计算机制图程序,如果你可以画图将会很容易。但是圆形分格统计图是有用的,特别是当你想要说明处于不同年龄组的学生比例时,更是如此。在此个案中,频率被转化成百分比。30—39年龄组占总样本的20%。一个圆的圆周是360°,那么1%就是3.6°。20乘以3.6,这样得到72°角。如果你是手工制作圆形分格统计图的话,这个简单的计算能让你用量角器和圆规分段画出图形。但这很令人厌烦,因此如果可能的话,还是使用计算机"图表"程序。一旦你知道了怎么做,就很容易,但是直到你学会"怎样做"才是简单的——这需要点时间。如果数字小的话,百分比可能使人误解,从图 12.3 很明显能看出这一点。所以如果有可能的话,在百分比之外再标出数字。

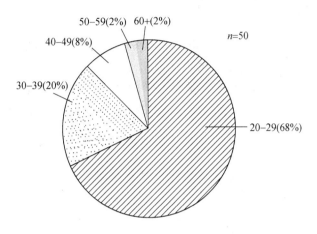

图 12.3　开始课程时学生的年龄分布

表格、直方图或圆形分格统计图提供了一些有趣的调查结果吗?你可能对这个偏斜的年龄分布加以评论,认为很少有超过 39 岁的学生专心致志于三年全日制的本科课程。但是为什么这会是有意思的呢?随后的访谈可能会进一步提供有关动机的信息。你想过年龄分布在较年轻的一端加权吗?当你检查全部成人学生的大学记录时(假定你得到允许看这些记录),你的样本是遵循同样的模式,还是与这些记录不同呢?如果是显著不同,那么它就可能表示你需要进行进一步的研究从而弄清楚为什么。入学的记录反映了学生年龄剖面的逐渐(突然)变化吗?男女平衡怎么样?

知道大部分较年轻的学生是否是女性对你会有帮助吗?如果你已经要求学生标明他们是男性还是女性,你就能找到问题的答案。但是如果你没有这样做,一旦问卷已收回就太晚了。试点和对数据的试验性整理及展示可以为你提供些线索,让你知道哪些信息有可能是有趣的。而且在那个阶段,你仍然有时间对你的数据采集措施作一些调整。试验还能让你准备适合于你研究目的的汇总表类型——为此，你可能需要对数据进行编码。

编　　码

迈尔斯和休伯曼(Miles and Huberman)，在关于定性数据分析的写作中这样解释道：

> 编码是研究中对所编辑的描述性或推理性的信息指定意思的标记或标签。编码通常附着于不同规模的"块"上——像单词、短语、句子或整段，它们与特定背景有关或无关。
>
> (Miles and Huberman，1994：56)

他们认为重要的不是单词本身，而是它们的意思。

> 编码用于检索并组织大量内容……组织那部分一般需要对大量不同内容进行分类的系统，这样研究者就可以快速找到、分离和聚集与特定研究问题、假设、结构或主题相关的部分。聚集，并……呈现浓缩的大量内容，从而为得出结论铺平道路。
>
> (Miles and Huberman，1994：56)

因此，编码允许你"聚集"数据中的关键问题，允许你为"得出结论"采取措施。直到你已经确定了群并可以开始理解它们的意思时，你收集到的数据才有意义。

如果你打算直接将数据输入电脑，你就需要使用数值标签。如下：

问题1：资格

无	1
专业资格	2
入学/重修	3
A级或同等水平	4
其他	5
无应答	9

第三部分 解释证据并汇报发现

如果有足够多的条目,你可能会决定分解"专业资格"的回复,你有可能会提及"其他专业的学位"、"护士资格"、"工程资格"或"森林管理资格"。

在选择型问题2中,"年龄"编码可以用同样的方式整体:

20—29	1
30—39	2
40—49	3
50—59	4
60+	5
无应答	9

这些数字都是"名义尺度",没有数值意义,因此任何数字都可以使用。记住一定不能有重叠的类别。在年龄的例子中,这是很明显的,因为一个回答者不可能同时被分到20—29和30—39两个类别当中。但特别是当你处理开放式或文字式应答并总是用定性而不是定量分析时,选择保证不会重叠的类别是相当困难的。

如果你进行的是小项目,并且只需获得诸如总和或百分比等基本信息,你可能决定不需要费力气去进行计算机统计分析,除非你把这样的练习当做更大调查的试验。然而,你还是需要准备一个编码体系,它是你的分类系统和最重要的东西。在问卷调查中,你可能对很多甚至是大部分类别有很好的了解,因而能够在设计问卷的同时构思你的编码体系。即便如此,你不可能想到所有的可能性,因此等到你的实验性研究有了结果并且收回一些问卷的回答后再开始完成你的编码体系。如果发现你一开始就是错的会很恼人,因为这意味着你得调整编码并且还要仔细看一遍所有的回复。

开放式问题也可能产生出乎意料的内容。打出所有的应答,然后设法确定任何重复出现的内容。它们将会形成你的编码基础,但记住只有两个或三个是相同的或相似的应答可能会给你很多类别。尤其是在小项目中,对于多少类别是合理的很有可能有个限制。你经常需要"零碎的"类别并记住提供一个"无应答"类别。数字"9"经常被用做"无应答"的标志,如果这个数字适合你的话,把它用来表示所有"无应答"的条目吧。如果你不需要数字代码,那就用"NR",因为采用字母或者甚至是单词代替数字有一定的优势。字母和单词很容易确定,而数字必须对照你的编码体系查看。

如果你用的是**顺序量表**,里面的数字被分级或是排序,像利科特(Likert,1932)量表里那样,那么数字已经提供给你了,因此编码系统会采取相同的数字表示方法,也就是:

强烈反对	不同意	中立	同意	强烈支持
1	2	3	4	5

当然,如果你对计算机记录和分析不感兴趣的话,你同样可以用容易辨认的字母 SD,D,N,A 和 SA。使用字母至少你不用不断地返回去查阅编码系统以确保用了准确的数字。

关于编码没有确定的方式。它是关于选定一个系统,使它适合你的数据和数据处理方式。可试用不同的汇总表和编码体系。让事情尽可能地简单。如果你主要关注的是定量研究,希望使用电脑软件来分析回复,那么要在最后决定数据采集工具之前尽可能做好准备。正如我之前说过(但在这里再重复一遍是很重要的),弄清楚你的部门或机构里有没有这样的人——他的工作是帮助学生组织数据和为数据编码,并选择不会超出你电脑技能水平的合适的电脑数据包。参加由计算机中心、IT 部门或图书馆举办的任何课程。试验一下从问卷中得出的假想结果,看看你的程序是否能应付得来。尽早发现你问问题的方式是错的,这比在所有回复都收到后才知道要好。

接下来讨论的是网格、量表和文字型问题。

网　　格

诸如清单型、数量型、类别型等简单的应答问题比较容易处理。网格需要更多些的注意。网格型(或表格型)问题会要求学生同时回答两个或更多的问题。

回到学生开始学位课程之前所持有的资格的问题上。你可能认为了解他们18岁以后完成的学业会更有用,而不只是问他们是"没有资格"、"专业资格"、"A级或同等水平"、"成功地通过了入学考试或重修"还是"其他"资格。如果是这样的话,就可以做一个网格型问题。

问题3

从18岁起,你在下列项目上花了几年时间？不计少于1学年的经历。				
	1—2年	3—4年	5—6年	6年以上
专业资格				
GCE A级或同等				
入学/重修				
其他（请说明）				

这里有两种维度——学习年数和学习类型。学生可能已经在入学课程上花了一年时间,在A级上花了两年,而且在专业资格上花了四年,在其他课程上花了三年时间。在这种情况下,应该在三个框里打钩。

用表格的形式可以让回复以很接近原始问题的风格展示出来。但是也可以做一个综合条形图,把学生数与花在不同课程上的学习年数进行对比（见图12.4）。

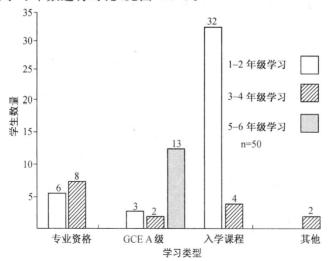

图12.4 18岁以后花在学习上的年数

量　表

到目前为止的例子都要求应答者给出事实的信息。量表是发现情感或态度强度的工具。有许多不同类型的量表，其中有一些的构成和分析相当复杂。特别是瑟斯顿量表（Thurstone and Chave, 1929）和格特曼量表（Guttman, 1950）更需要谨慎处理。最容易操作的态度量表可能是由利科特（Likert, 1932）设计发明的利科特量表。利科特量表要求应答者通过圈出恰当的数字来表明对给出的一个或一系列的说法的同意或不同意的强度，一般有5或7个级别。然后给这些回答打分，一般从1（坚决不同意）到5（坚决同意），最后得出回答者感情的量度。

简化的利科特量表可以被用于下面的案例中：

问题 4

我认为我在期末考试中出色发挥的机会很大				
坚决不同意	不同意	未定	同意	坚决同意
1	2	3	4	5

回答可以像表12.4那样展示出来。像图12.5一样，条形图也能阐明回答的全距。

表 12.4　成人学生对他们成功通过期末考试机会很大的同意程度

坚决不同意	不同意	未定	同意	坚决同意	合计
10	7	6	16	11	50
(20%)	(14%)	(12%)	(32%)	(22%)	(100%)

从表12.4和条形图（图12.5）明显可以看出一半以上（54%）的学生对他们的结果是乐观的，但是其余的学生怎么样呢？学生所属院系对这些百分比有影响吗？弄清这个问题将会很有意思。

从试点研究得出的调查结果可能已经提醒你院系维度的重要性。如果是这样的话，你就可以要求学生完成一个综合型利科特量表/网格问题，这样就可能得出表12.5所示的结果。

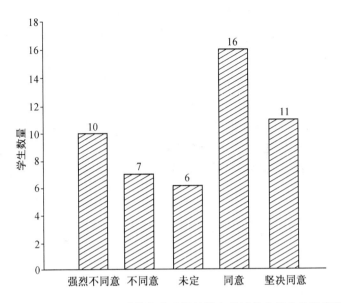

图 12.5 成人学生($n=50$)对他们成功通过期末考试机会很大的同意程度

表 12.5 各院系成人学生对他们成功通过
期末考试机会很大的同意程度

院系	坚决不同意	不同意	未定	同意	坚决同意	合计
数学	4	0	0	0	0	4
自然科学	6	6	2	0	0	14
社会科学	0	0	4	16	0	20
人文科学	0	1	0	0	11	12
合计	10	7	6	16	11	50

用表格的形式展示这些数据是完全可以接受的,但是问一问你自己,其他表示方法能否更清楚地说明情况。在这个案例中,数字可能无法和百分比呈现同样的画面,尽管如我以前所指出的,在小范围研究中,没有结合数字而使用百分比是危险的。它们可能会令人误解,给人的印象是样本比它实际上的要大。然而,如果你认为了解各院系学生不同意或同意该观点的百分比可能是重要的,那么频率就可以被换成百分比,并且可以做一

个百分比构成条形图(图 12.6)。

　　图 12.6 能更好地说明情况吗？这需要你来决定。表格和条形图清楚地显示了与社会科学和人文科学的学生相比,数学和自然科学的学生持有的看法存在着很大的不同,这一点确实是从图 12.6 显露出来的。百分比构成条形图说明了差异的程度。那么,数学和自然科学系里发生了什么事？学生准备得不充分吗？从这些数据中能学到经验吗？或者学生没有必要为他们的前景感到悲观吗？所有这些问题可以在与学生和导师的访谈中继续探讨。

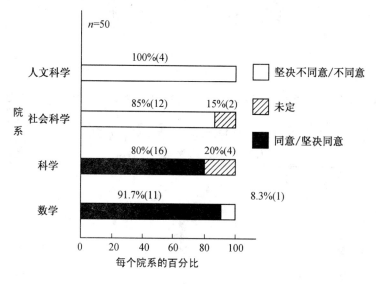

图 12.6　各院系学生认为他们在期末考试中发挥出色的百分比

　　表格和条形图阐明了院系和学生对成功通过期末考试机会的看法之间的关系。在散点图上标出的数据也可以说明两个变量之间的关系。作为调查的一部分,你可以假定第一年的课程作业分数与第一年的考试分数是一样的。虽然这样很不可能,让我们假设结果是支持你的假定的。你发现第一年的考试分数与课程作业分数确实是一样的。如果你在表中记录数字,它们会如表 12.6 所示的那样。

第三部分 解释证据并汇报发现

表 12.6 第一年考试分数和课程作业分数(1)

学生人数	考试分数	课程作业分数
1	30	30
2	35	35
3	40	40
4	45	45
5	50	50
6	55	55
7	60	60
8	65	65
9	70	70

很明显,两个分数完全相等,尽管我想如果出现这样的结果,在考试委员会会议上可能会提出一些问题。然而,不必介意。这些数字只是被用来说明一个"最佳的"正相关——这是我们这儿所拥有的——如何被展示出来。如果把这些数据标在一个图中,用横轴表示考试分数,用纵轴表示课程作业分数,那么就像图12.7那样,可以得到一条直线。

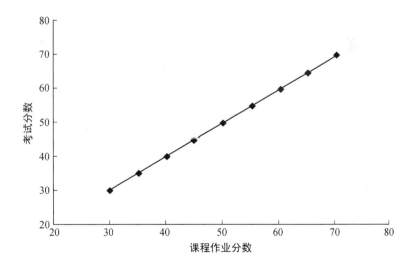

图 12.7 考试分数与课程作业分数之间的正相关

另一个样本可能得出不同的数据,如表 12.7 所示。

表 12.7　第一年考试分数和课程作业分数(2)

学生人数	考试分数	课程作业分数
1	30	70
2	35	65
3	40	60
4	45	55
5	50	50
6	55	45
7	60	40
8	65	35
9	70	30

这些数据转换到图(图 12.8)上再一次说明,该相关性是最佳的。但是这一次,随着考试分数的提高,课程作业分数就降低,反之亦然。因此,两个变量之间就是负相关。实际上,这种关系是罕见的。更现实的数据在第三个例子中(表 12.8)。

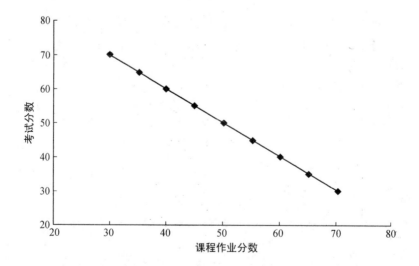

图 12.8　考试分数和课程作业分数之间的负相关

表 12.8　第一年考试分数和课程作业分数(3)

学生人数	考试分数	课程作业分数
1	37	45
2	42	40
3	46	44
4	53	68
5	54	60
6	59	50
7	63	55
8	72	85
9	74	75

当在图中标出这些点时,结果图(图 12.9)显示结果中是否有一个一般趋势,并且表明了结果的分散度。在这个案例中,因为一般趋势是随着课程作业分数的提高,考试分数也提高,所以二者存在积极的关系,但该关系不是最佳的。(这里画出的直线只是用来说明分散的点与最佳关系相关的程度。)

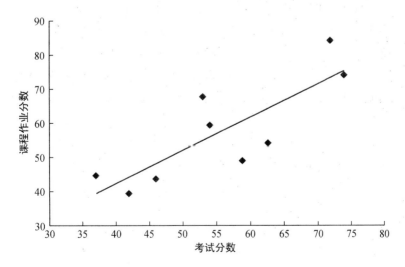

图 12.9　考试分数和课程作业分数之间的正相关(尽管不是最佳的)

有些数据,当被标在散点图上时,可能完全是随机的,没有明显的模式。在这种情况下,假设两个变量之间几乎没有或完全没有相关性是合情合理的。在其他情况下,散点图上可能有群集或点群,这就意味着在总样本内还有更小的组,这些组内的个体有相似的特征。但是要注意。除非计算了相关系数,不然得出的只能是推断——而不是直接的因果关系。如果你认为相关系数是必要的,那你就不得不熟悉必要的统计技术或使用电脑软件包,如社会科学统计软件包(SPSS)或者导师推荐的任何一个软件包。

文字型问题

对文字型问题(或开放式问题)应答的研究常常为值得在访谈中涉及到的问题类型提供一些有用的迹象。问卷中常常包含这些问题,从而让应答者注意到他们为之感到很强烈的任何事物。参考这些应答通常是开始访谈的一种方式。

通常的做法是在不同的纸上写出或是打印出所有的应答。这样就可以浏览所有的项目,从而了解是不是有任何重复的主题。如果你有兴趣发现学生是不是认定了任何学习障碍,你就会查找特别是与学习、导师帮助等有关的语句。某些应答可能为你提供有用的引证,用于阐明报告中的某些观点——虽然要拒绝这种诱惑:更多地强调某些语句恰好可以支持你的特定观点。

为了处理这些材料,可能需要某种形式的内容分析。如果是这样的话,遵循与用于档案研究相同的内容分析程序(见第7章)。如往常一样,你将要寻找类别和公共标准,如果有的话。

总　　结

本章只讨论了最简单的展示数据的方法。它们为你提供了一个起点。无论你能否使用计算机制图程序,表格和图表都是易于处理的。你可以设计不同的问题类型和不同的分析、展示方法。熟悉一系列问题类型的优点是,一旦你尝试了不同的形式并且知道怎样做表格、图表或图形,你就能够利用适合数据和目标的任何形式。图表常常能简化要用一段或几段文字才能解释清楚的相当复杂的数据。

当你进行更大、更复杂的调查时,你就要熟悉更复杂的分析方法和熟练地应用适当的计算机程序。如今,假如你有恰当的密码、用户名和许可的话,你一般可以从自己的部门、计算机中心或图书馆终端——或是从自己的家用电脑进入这样的程序。用你所熟悉的数据来试用其中的一些程序,这些数据可能已经被整理、分析和"手工"展示过,与100小时项目当中的一个有关。这将让你理解那些规则并开始对系统的实际运作有所了解。

解释证据并汇报发现清单

1. 必须一获得数据就记录。
2. 寻找相似性、小组、群、类别和具有特别意义的条目。
3. 首先想到的类别将是整理调查结果过程的开始。
4. 准备最后的汇总表。
5. 尝试用不同的方式展示调查结果。表格?条形图?直方图?其他图表或曲线图?
6. 如果你需要找到某些数值的平均值,确定最合适的是平均数、中位数还是众数。
7. 单独使用的话,平均数和中位数可能不足以描绘一个完整的数据画面。

确保在开始采集主要数据之前准备好汇总表并试用一下。

100条单独的有趣信息,直到被分析和解释后,对研究者或读者才有意义。

尽管你可能得在试点研究和数据收集起来之后修改它们。

试点研究将显示它们是否适合你的目的。

如果你打算使用电脑数据软件包,在开始试验研究之前先弄清你能得到什么帮助,试用一下可能被使用的软件包。

记住这些集中量数中的每一个都有不同的用法。

可能需要离差量度——全距、四分位距或者标准差。

8. 尝试对数据编码。如果你打算用计算机统计软件包,那就需要数字编码。如果不打算,那么字母就够了。	除非你有专门技术,不然就不要尝试复杂的统计技术。没有深入的统计学知识,不用电脑一样很可能做出有价值的研究。然而,如果你对电脑技术有足够的了解,你就能省出很多时间并做出好看的图表、表格——一旦你知道怎么做。
9. 所有的数据都需要解释。	单单描述是不够的。
10. 你的研究中不要主张超出证据所支持的观点。	注意可能产生的偏见。

补充阅读

现在市场上有许多关于基本统计技术的好书。如果你觉得自己需要了解更多这方面的知识,那就向导师寻求建议,查询在图书馆可以借到什么书,看看好的书店里的书架上都有什么。查阅一下书本的引言、目录和索引,以了解你所理解的"基本"和作者的是不是一样。如果以下图书出现在图书馆目录里,你可能会希望查阅一下它们。

Argyrous, G. (2002) *Statistics for Social and Health Research*. London: Sage publications. This book discusses various statistical concepts and an introduction to SPSS. Includes a CD-ROM with sample data sets.

Bryman, A. and Cramer, D. (1994) *Quantitative Data Analysis for Social Scientists*. London: Routledge. I still find this to be the most readable book on the topic. 'Rather old' in publishing terminology but still very good value.

Cramer, D. (2003) *Advanced Quantitative Data Analysis*. Buckingham: Open University Press. This book considers a variety of techniques used to analyse quantitative data. Useful examples are provided, together with a glossary of key concepts. Very sound, but some previous basic statistical knowledge will be a help.

Cramer, D. and Howitt, D. L. (2004) *The Sage Dictionary of Statistics*. London: Sage Publications. Very helpful reference work for use by anyone studying statistics in the social sciences and readable for first-time and for more experienced researchers.

Hardy, M. A. and Bryman, A. (eds) (2004) *Handbook of Data Analysis*. London: Sage Publications. This is a really good guide to basic issues in data analysis. Not a book to read from cover to cover but very good to keep on hand for reference.

Miles, M. B. and Huberman, A. M. (1994) *Qualitative Data Analysis* (2nd edn). Thousand Oaks, CA: Sage Publications. Everything in this excellent book is worth reading and noting. I particularly like Chapter 3, 'Focussing and bounding the collection of data', which includes 'Linking qualitative and quantitative data', 'Management issues bearing on analysis' and 'Data management', and Chapter 4, 'Early steps in analysis', which considers issues relating to codes and coding – and, of course, much more.

Opie, C. (ed.) (2004) *Doing Educational Research: A Guide to First-time Researchers*. London: Sage. Chapter 7 by Clive Opie considers the statistical analysis of quantitative and qualitative data. Chapter 8 by Ann-Marie Bathmaker outlines the use of the NUD-IST (Non-Numerical, Unstructured Data Indexing, Searching and Theorising) software for analysing qualitative data. She considers the practicalities of using NUD-IST, provides a critique of the software in the light of experience and concludes with recommendations for new users. Really helpful. Chapter 9 by Michael Pomerantz discusses the ATLAS.ti computer software application which allows the user to study and analyse interview transcripts. Clive Opie ends the book with a glossary of terms used in quantitative analysis.

Oppenheim, A. N. (1992) *Questionnaire Design, Interviewing and Attitude Measurement* (New Edition). London: Cassell. Chapter 9 discusses some basic measurement theory, including ordinal scales, nominal measures, the reliability and validity of scaled measures. Chapter 14 considers coding (code books, coding frames and problems of coder reliability). Very thorough and useful to keep on hand for reference.

Pallant, J. (2004) *SPSS Survival Manual: A Step By Step Guide to Data Analysis Using SPSS for Windows (Versions 10 and 11)*. Maidenhead: Open University Press. This new edition outlines basic techniques of data analysis and provides examples of how to present results in reports. It is thorough, as clear as this topic can be and offers useful research tips. A web site accompanies the book (www.openup.co.uk/spss) and to access the two data files from which the examples of research are taken, go to www.openup.co.uk/spss.data. Part one: Getting Started, includes designing a study, preparing a codebook and getting to know SPSS. Parts two to five discuss the preparation of data files and preliminary analysis and consider the use of a variety of statistical techniques. I found Part four: Statistical Techniques to Explore Relationships among Variables, to be particularly helpful. This book is not bedtime reading, but if you plan to use SPSS, it could be invaluable as a reference manual.

However, it is detailed and you will need to allocate a significant amount of time to absorb the parts you need.

Punch, K. F. (1998) *Introduction to Social Research: Quantitative and Qualitative Approaches*. London: Sage Publications. Chapter 7 deals with the analysis of quantitative data and Chapter 10 discusses the analysis of qualitative, including a good section on coding. All well worth consulting and absorbing.

13 撰写报告

开　始

在完成了收集和分析证据的全部艰苦工作之后,你就需要写总结报告了。波格丹(Bogdan)和比克兰(Biklen)在论述有关开始问题时提出下列建议:

> 初学写作的人总是拖拖拉拉的。他们为没有开始写报告找了无数的借口。即便当他们最终坐在书桌前时,他们仍然会分散注意力:倒咖啡、削铅笔、去卫生间、翻阅更多的文献,有时甚至起身并且回到田野。请记住,你从未"准备好"开始写报告;写报告是一件你必须决定认真去做的事情,然后要求自己坚持到底。
>
> (Bogdan and Biklen,1982:172)

所有这些说起来容易做起来难,拖拉的不仅仅是初学写作的人,记住,一项研究直到被写成报告才算完成,而且在你最初的计划中,必须留给报告撰写及重写一定的时间。这并不是说你要把写报告的打算推迟到采集完所有数据之后。如果你听从了前面的一些建议,你就会对所看过的有关主题的资料做一个汇报,所以你就不需要浪费时间回头看以前已经读过的书和文章。你会有自己的参考书目卡片和/或计算机记录,它们井然有序,记录着可以指导你写作的笔记和有用的引言。你无法开始你的研究项目,除非你的目标是明确的,尽管随着调查的发展,你可能修正这些目标。

报告和论文的写作不是,或者说不应该是在项目结尾才进行的一项匆忙的活动。它是有不同阶段的一个过程,在完成所有阶段的时候要把它们记录下来。你的第一份初稿需要修改,在某些情况下要全部重写,但是应该在计划阶段建立报告的基础。

撰写报告需要自制力,即使是最有经验的研究者也要采取某种自我控制的措施以保证准时完成任务。我们都有不同的工作方法,适合某个人的工作方法可能并不适合另一个人。如果你已经采用了"将想法记在纸上"的原则(Wolcott,1990:31),那么你就会有一些草稿,即使它们很粗略,面对一些写得不好而且不完整的草稿总比一张空白纸要好。

当然在到达研究的最后阶段之前,你将要确保所有的参考文献都是完整的,并且已经核实过。但如果尽管你已经尽了全力,却还是碰到一条不完整的参考文献,那就把它记下来;要是你正处于很好的写作状态当中,那就不要停下来。以后再去处理它。

对于什么时候写和怎样写没有硬性的规定。我承认按照严格的计划表写作是合理的(工作日总在下午8—10点;每天总在上午6—8点)。我也努力这样做,但是我好像遵守不了这种有规律的模式。事情,有时是人,妨碍我的工作。理想的状态是,我必须独自静静地写作,我的资料都在周围。别的人则说他们不能静静地写作。他们需要有广播或CD相伴。

人们认为在每个写作时段都能写出很多字是个好主意,并且我确实知道有人能在大多数时间里写出高质量的1000字,但只有一个。我从没努力这样做过,虽然我也计划一口气完成特定的部分或段落。我按计划工作,如果能完成不止一项任务的话,我就会觉得自己很高尚,我甚至曾经通告分红并且给自己放假以奖励自己做的好事。在生活中我们都必须有自己的小乐趣。

如果可以的话,当我知道我差不多可以独自一人待着而且没什么分心的事时,我会留出写作时间(有时是一整天,我认识的每个人都说这是非常不好的行为),但是我一次只能写两个小时。我知道如果强迫自己一小时接一小时地写的话,我就开始制造垃圾了。在写的时候我不觉得是垃圾,但是等它在第二天或第二周"冷却"后我再去读的时候,我肯定会觉得是。大约两小时后,假定我已经到达很容易再往下进行的阶段,我就可以喝杯茶,四处遛一下,去邮局。在进入下一阶段之前,任何可以让我休息一下的事情都可以做。

经常有同事告诉我说我的写作习惯不好,我想是吧。然而,我在很多方面是很有纪律的。我的索引和参考文献体系总体上都很好,因此大多数时间我都能找到自己需要的东西。痛苦的经历教会我保存未编入索引的注释、手稿、参考文献和草稿,这些被迈尔斯和休伯曼(Miles and Huberman,1994:56)称为"高山式信息采集",是个很糟糕的想法。经验也教会我只在纸的一面写,并且在每页保留一段空白。我知道自己的早期草稿不够完善,因此需要能够把段落四处移动。当然我能够在电脑上进行剪切、粘贴,我确实也这样做了,但我只在早期草稿开始成形后才在电脑上做一个像样的草稿。你可能跟我做得完全不一样,这没什么问题,只要你有能使你按日程完成写作的体系和计划。就像巴曾和格拉夫(Barzun and Graff,1977:325)强调的那样:"作者的难题和已戒酒酒鬼的难题是相反的。后者必须滴酒不沾,前者必须总是做其该做的工作。"我们总是做自己该做的事情的方式取决于我们自己,但对于报告的组织方式我们的自主选择权比较小。

建 构 报 告

机构通常都会提供怎样构建总结报告的指导方针。毫无疑问,必须严格遵照这些指导方针。如果由于某些原因没有提供指导方针,那么可以采用下列格式。

1. 标题页

包括研究的标题，你的姓名和日期。标题应该准确地反映研究的性质，应该简明而且中肯。如果副标题阐明了研究的目的，也可以加一个。

2. 致谢

你可能想要感谢那些在你报告的准备过程中帮助过你的人。如果是这样的话，致谢一般写在标题页之后。

3. 目录

4. 摘要

在大多数情况下，都要求有摘要，虽然做法各不相同，因此要查阅"内部"规则。用几句话说明你的调查着手处理什么问题、采用什么方法和得出了什么结论是相当困难的。下面的例子是该任务的一种处理方式。

> 本项目试图确定善书大学（Writingwell University）成人学生所认为的有效的教学和学习策略以及学习障碍。数据采集自问卷、访谈和对课堂、讨论小组和指导课的观察和参与。本报告的结论是，可以考虑更多的课程授课方式，以及可以向成人学生咨询有关实施变革的方式。

如果允许你用更多的空间，你可以扩展该摘要以提供给读者更多的信息。但是对于短一些的报告，上面的篇幅大体上足够了。

要养成看摘要的习惯，它们一般在期刊文章的开头。问一下自己它们是否很好地说清楚了文章是关于什么的、数据是如何采集的以及得出了什么结论。

5. 研究目的

这部分应该是对研究目的的简要解释。用几句话解释研究的问题。表明目的/目标/假设。提供有关研究的任何背景，这是有必要的，这样才能把研究放在背景里面。

在该阶段请注意**研究的任何局限性**。只用100个小时左右的时间完成一个项目的单个研究者既不能希望采用复杂的抽样技术，也不能对数百人进行访谈。你不可能在一个小型的研究中做一切事，而且你的导师明白这一点，但是在这一部分，你应该写清楚你知道研究的局限是什么。坦白一些。

6. 文献综述

并不是所有的报告都要求对以往的研究进行综述,尽管硕士和博士研究通常都需要。在一个短期项目中,得到导师的许可,你就可能决定在报告中用你看过的资料来支持或反对某些论点,但是对于读者来说,综述的价值在于它解释了研究的前后情况和背景。请记住海伍德(Haywood)和雷格(Wragg)的警告:批判性的综述很容易变成非批判性的综述——"家具销售清单,无论它处理得多么有技巧,每样东西有应该有一段的记录"(Haywood and Wragg,1982:2)。你必须作出选择,而且只应包括与主题直接相关的书和文章。

如果有要求的话,你可以先写文献综述,如果你能很好地约束自己在完成一节和分节后把它们整理成文,这一节的许多工作在你开始采集数据之前就已准备好可以修订了。你可能发现你需要改写原始版本,但是你不需要从头开始,通过仔细通读笔记就能确定什么应该留下、什么应该删除。

在第6章,我说过克莱拉·奈(Clara Nai)采用了该方法。她列出标题,在标题下面组织她的研究结果,这样她就创造出一个框架。这个分析框架使她能够把关键问题凸显出来,并且在论文后期把自己的研究成果置于更大的背景之下。

7. 数据采集方法

一个可供选择的标题可能是"对方法的某些考虑",或任何其他你认为能充分描述该节内容的标题。该部分解释了问题是怎样调查的和为什么使用了特定的方法和技术。如果有的话,应该提供程序描述、样本的大小、选择的方法、变量的选择和控制、计量试验和统计分析。咨询一下导师需要多少细节内容。尼斯比特和恩特威斯尔(Nisbet and Entwistle, 1970:169)指出没有必要详细地描述任何众所周知并常用的试验或程序,但是如果你是自己设计计量系统的话,可能就需要给出完整的信息。

应该准确地阐述所有的重要术语并且提到方法中的任何不足。记住,在某些种类的调查中,研究必须是可重复的,这一点很重要。而且一个同学科的研究者要能够从该部分获得足够的信息以使研究的重复性变成可能。

8. 陈述结果

这是报告的核心，它包括正文，如果需要的话还包括表格和图形，这取决于项目的性质。展示结果的方法很重要。表格、图表、曲线图和其他图形应该说明和阐释正文。如果没有，那么就没有必要让它们占地方了。正文必须在结果准备好后写出来，它不应该重复表格和图形中的信息，而是应该突出研究结果的重要方面，这样所有切题的事实的展示方式将使人注意到什么是最重要的。达到这种平衡是一门很高的艺术，而且你可能发现在获得满意的结果之前，你需要写几份草稿。

在你提交报告之前，应该给所有的表格和图形编号、加上标题，并仔细地检查。表格一般是以数字的形式呈现的，尽管在名单或专栏里可能有关于名字或其他方面的表格。图形是数据的另一种展示形式。惯例是将数字和表格名称放在表格的上方，如果是图形的话就放在下方。看看其他学生怎样展示数据是个好主意——要小心遵循机构里的指导原则。

9. 分析和讨论

讨论结果怎样影响对该主题的现有的认识之前，最好以重述问题的方式开始这一部分。如果你的研究在于验证某种假设，那么该部分就应该说明证据是否支持该假设。研究设计中的任何不足都应该提到，同时建议不同的、可能更合适的方法。如果有的话，也应该大略说明一下改进建议。

大多数研究者认为最好是依次写第6、7、8部分，以保证连续性和逻辑性。在不同的时间，把某些部分作为独立的单元来写也是可行的，但是要把这三部分作为一个整体来考虑。如果你在写作过程当中得休息一下，应该设法保证重新看一遍刚写完的内容，以确保连贯通顺和避免重复。

10. 总结和结论

在此应简要总结第8部分已经讨论过的报告的主要结论。结论只能是可以从研究结果合理得来的。这听起来（事实上）是顺理成章的，但是常常有一种巨大的诱惑使你在报告中加进没有证据支持的观点。你要小心,否则你就可能因为随口说说而破坏了一份优秀的报告。

在你写这一部分之前,通读整篇报告并且记录要点。想要迅速了解你的研究是关于什么的读者会看摘要,可能看一下导言,但几乎肯定要看总结和结论。最后这部分应该相当简洁、表达清楚,使读者能够清楚地明白做了什么研究和从证据中得到了什么结论。

11. 参考文献列表

值得在写作的这个阶段提醒你布拉克斯特(Blaxter)、休斯(Hughes)和泰特(Tight)关于使用和滥用参考文献的指南。他们写道:参考文献不应该用来"给读者留下有关你的阅读范围的印象",也不应该用来"代替表达自己观点的需要",而应该用来:

- 证明并支持你的论证;
- 允许你与别的研究进行对比,……;
- 证明你对自己研究领域的熟悉程度。

(Blaxter, Hughes and Tight, 2001:127)

你不是在列史上最长的参考文献清单,因为附上了不相关的参考文献而破坏了一个好的报告将是一种遗憾,所以要仔细核查,确保每条文献放在那儿都有意义。

对于是应该包括全部的参考书目,还是一组参考文献,或是二者都包括,观点各异。我的观点是只能提供在报告中被引用的资料。然而,有些机构希望有一个包括在调查准备期间查阅过的所有资料的文献目录。你需要向导师请教有关机构的习惯做法。

如果你采用了我在本书中推荐的哈佛注释法,那么参考文献将会以字母顺序的形式出现,这种方法简化了步骤,避免了重复。你用在参考书目、参考文献或二者上的时间长短将取决于第一次记录出处时你的细心程度。这是你努力的工作和系统的记录得到回报的时候。

12. 附录

附录中应该包括所有使用过的数据采集工具(问卷、访谈进度表等),除非你被告知用别的方法。你的导师不会希望收到已完成的全部问卷,而且如果在家门口收到沉重的包裹,他无疑会感到沮丧,但是一般要有一份任何使用过的数据采集工具。

13. 长度

你的导师会提供有关长度的规则,而且许多机构都有关于长度的规定。如果没有人告诉你预期的长度是多少,那么就问一问。如果规定了最大的字数要求,那么不要超过那个数字。你可能会因为字数超过限制而受罚。

14. 引用

当然,所有的引用都必须标明出处。记住,你的导师可能已经读过了同样的书,所以他可能知道出处。如果你只引用了几个字或一句话,像我在第4章中说过的,在正文中用双引号指出引用,并在括弧内注明出处就够了。例如,像劳斯(Laws,2003:424)说的那样:"体裁应该由自己最自然的表达方式及读者的需要决定……"如果引用比较长,缩进书写并使用单倍行距,除非机构有另外的规定:

> 你的体裁应该由自己最自然的表达方式及读者需要决定。然而,记住,虽然有些读者可能会对复杂的写作方式产生印象,但练习的主要目的就是传达信息。清楚而简单的表达可能使人更容易理解你呈现的资料,因而要遵照它行事。
>
> (Laws,2003:424)

15. 呈现形式

如今,报告一般都是打印的或以双倍行距经过文字处理的。应该标明页码。只在每页的一面打印或书写,在每页左边留下1.5英寸的空白处。顺便提一句,如果你自己不会打字,付得起钱让比你熟练的人给你打印的话,那一定要确保你的书写是可辨认的。修改拼写、标点符号、标题、语法或措辞不是打字员的工作。不要期望别人会理解你的缩写,或者检查出你的算术。你所要做的是提交质量好的、清楚的资料并附上该怎么做的准确说明。如果定稿后你要作修改,你可能要付比你事先讲好的价格更高的费用,因此你要小心。

修订的必要性

我从未认识能一次性做出完美草稿的人,因此不要自欺欺人地觉得自己是会是个例外。你不会是。在得出你满意的最后结果之前,你可能发现要有二稿、三稿或者更多次的修改,所以必须为这个写作和改进的过程留些时间。

在草稿上花这么多时间的一个问题是,仅仅因为你经常阅读其中的某些部分,它们可能看起来是对的。另一个问题是你可能非常熟悉主题以至于你认为读者可以理解某些内容,而事实并不如此。时间可以让你更好地判断你的写作,所以如果可以,你应该把原稿放在一边搁几天,这样你就可以以更批判性的视角回头重新审视它。这会帮助你确认重复的段落、表达上的错误和清晰度的缺乏。

一部分接一部分地通读你的初稿,以保证它的意思正确、逻辑顺畅和表达合理。如果你像书中建议的那样,只在每一页的一面书写或打印一段文字,那么这个修改和重新安排阶段就会相当简单,而且电脑上的剪切、粘贴工具大大减轻了草稿写作者的负担。检查拼写。电脑拼写检查可能会有帮助,但是记住,大多数电脑采用美式拼写,因此手边需常备一本词典,以确保你的是对的。检查引用、标点符号、参考文献、重复,时态的一致性以及某些术语的过度使用。《罗热英语单词和短语同义词词典》(*Roget's Thesaurus of English Words and Phrases*)可以帮你找到可供选择的表达方式。

当你阅读时,提醒自己无论选择了什么样的结构,读者都想弄明白你为什么做这个调查,你怎样做调查,你用什么方法收集证据和你发现了什么。只描述是不够的:你得进行分析、评估,而且如果证据有说服力的话,提些建议。

如果要把研究的调查结果用于实践,就必须以一种实践者和政策制定者能理解的方式呈现它们。在介绍你的项目时,请把这一点记在心里。在学术论文中没有什么专门的学术语言。优美、清楚的英语还是优美、清楚的英语,不管它用于什么样的背景中。当你和与自己有相似背景的同事谈话时,技术语言可能会节省时间,但是用在纸面上它就很少能被理解,而且你的读者(和评阅人)可能被太多的术语或费解的语言激怒。

最近的一个广播访谈强调了修订和重写的必要性,在这个访谈中访谈员称赞了一位著名的经济学家的写作风格,这名经济学家完成了许多学术性的书籍。访谈员说:"能如此流利而轻松地写作肯定是一个很大的优势。你是怎样做到的呢?"这位经济学家透露了他的秘密:

> 首先,我写一份草稿,然后不去碰它。几天后我重新读它,觉得它是由一个无知者写的,所以我把它扔掉。然后我做第二份草稿,也几天不去碰它。我读它时发现稿子里面萌生了一些很好的主意,但我认为它写得很烂,所以把它放在一边。几天后,我写了第三稿。当我再次读它的时候,我发现想法有了新的发展,我的论证有了一定的连贯性而且语法不是那么差了。我改正这一稿,调整段落的顺序,加入新的想法,删除重复的段落,这样我开始感到我正在取得进步。几天后,我通读了这第四稿,作出最后的改正,并把第五稿交给打字员。在这一阶段,我发现我通常是达到了一定程度的自发性,这一直是我所力求的。

你可能不需要写五次草稿。如果你写得好,三稿可能就够了,但是请不要相信有人可以一、两稿就搞定——大多数人需要四、五稿。

当你尽自己最大的努力完成了写作,尽量寻求他人的帮助,让他/她读一下原稿,看看是否还有其他的错误。如果找不到这样的人,你可以大声朗读你的报告,但是确保你是独自一人,要不然你的家人可能会认为你过于紧张了。大声朗读对发现是否需要更好的起过渡作用的段落特别有用。

有剽窃的可能吗?

在第4章,我论述过剽窃问题,但它很重要,需要再在这里重复一下。如果你抄袭别人的话语并说是自己的就是在剽窃,而且你不能使用别人的数据或观点,除非你对出处作了充分的说明。我确定有些同学掉进剽窃的陷阱就是因为他们不知道"把从相同或不同出处摘录而来的未作说明的段落放在一起,只用自己的几个词或几句话把它们连在一起并改变原文中的一些词的行为是不可行的"(University of Manchester,1997:2)。我相信你所在的单位会有关于剽窃的纲要,因此一定要看一看。像"没有人告诉过我不能未经允许从网上获取作业或测试题的答案"或"每个人都这么做,为什么我不能"之类的理由是不可接受的,如果一旦你的剽窃行为被发现了,你可能暂时不能参与项目或者甚至被开除出项目。因此,要十分小心以确保谨慎细致地记录资料,在笔记中解释清楚哪些是直接引语、哪些是自己对原文的解释或哪些只是自己的想法。

已经有足够的公众宣传信息以确保所有的研究者都知道,或者应该知道剽窃意味着什么以及对侵犯的惩罚是什么。最近有些剽窃事件不幸被广为宣传,这些败坏了相关个人和组织的声誉,这个问题永远不会消失。确保你自己清楚什么是允许的、什么是不允许的。

评估你自己的研究

关于评价研究报告没有普遍接受的标准,但如果你被邀请对别人的研究作出评价,你就要确定自己评价的标准。看一篇期刊文章或一本小说,假定你最近有时间读一本小说,然后问自己:"这是一篇好的报告/小说吗?"如果你觉得它是好的——或不好的,看看你是怎样得出该结论的。然后,阅读你自己的草稿。你觉得它好吗?某些部分比别的部分好吗?为什么?对自己的作品作这样的评判是不容易的,但有些问题确实应该经常问,你最好确定有哪些缺陷,如果有的话,然后改正它们而不是将它们留给审查人。所以在把你希望是你最后的稿件交上去之前,先问问自己:

1. 意思清楚吗?有表达不清楚的段落吗?
2. 报告是精心撰写的吗?检查时态、语法、拼写、重复的段落、标点符号、专业术语。
3. 参考文献做得好吗?有没有遗漏?
4. 摘要能让读者清楚地了解报告中的内容吗?
5. 标题表明了研究的性质吗?
6. 研究目标陈述清楚了吗?
7. 研究目标实现了吗?
8. 如果提出了假设,它们被证明了还是没有被证明?
9. 是否研究了充足的大量与课题有关的参考文献?
10. 如果有的话,文献综述是否说明了对课题的了解状态?你把课题放在作为一个整体的研究领域的背景中了吗?
11. 所有的术语都清楚地解释了吗?
12. 所选择的数据采集方法准确地描述了吗?它们适合这项任务吗?为什么选它们?
13. 清楚地介绍了研究的一些缺陷吗?
14. 使用任何统计技术了吗?如果使用了,它们适合这项任务吗?
15. 对数据进行了分析和解释,还是仅仅作了描述?
16. 结果清楚地展示了吗?表格、图表和图形是精心绘制的吗?
17. 结论是建立在证据的基础上吗?有任何不能被证明的主张吗?
18. 有证据偏差吗?有易引起激烈争论的术语或过激的语言吗?
19. 数据可靠吗?其他研究者能重复使用过的方法并有合理的机会得到相同或相似的结果吗?
20. 如有建议,建议可行吗?
21. 附录中有不必要的条目吗?

22. 如果你是评阅人,你能给报告一个及格分吗?如果不能,可能需要彻底的检查。

在你自己诚实地回答上述问题后,尽量说服一位朋友读一下你的草稿,并让其标出打印或语法上的错误以及质问不优美的措辞。可能你已经阅读了很多次稿件,但另一双眼睛经常会发现你从未注意到的错误。

一旦你确信自己能够满意地回答上面所有的问题,而且已经改正了你的阅读者所认出的错误,你就可以做最后一稿了。检查最后的打印稿,因为即使是专业的打字员也会出错。

最后,祝贺自己准时完成了一件出色的工作。把报告交上去,并且给自己放一晚上的假。

撰写报告清单

1. 确定截止日期。	为各节、分节和整个报告暂定日期。你可能需要做些调整,但递交报告的日期是固定的,因此尽量以它为中心。注意你的进度表。
2. 如果可以,定期写。	
3. 如果可能的话,创立工作节奏。	不要停下来检查参考文献,给遗漏的部分或是疑问贴上标签或标上星号。
4. 完成一部分就把它整理成文。	在完成一定量的阅读之后,尽量做一份文献综述的草稿,不管它是多么的粗糙。
5. 在易于继续写的地方停止。	
6. 留下修订的空间。	只在每一页的一面写。尽量在早期草稿的每页纸上都留一段空白。
7. 宣传你的计划。	你可能需要朋友的帮助以便在截止日期完工。
8. 检查是否包括了所有的必要部分。	摘要、研究大纲、以前研究的回顾、对调查范围和目的的陈述、对过程的描述、对结果的陈述、讨论、总结和结论、参考文献。
9. 根据单位的要求,检查长度。	你不想失败在技术问题上吧。

10. 不要忘了标题页。	
11. 有致谢吗?	
12. 在可以加标题的地方加标题。	任何使读者更容易了解结构的东西都是有帮助的。它帮你确保自己遵循着逻辑体系。
13. 给表格和图形编号并且加标题。	在表格上面加编号和标题,但图表是在下面。
14. 确保对所有的引语、解释及作者的好观点都表示感谢。	检查引语是否以一致的格式呈现,省略的部分用"……"表示。
15. 提供参考文献清单。	除非另有要求,只包括在报告中引用到了的条目。检查是否使用一致的格式,是否有不完整的参考文献。
16. 附录只应包括有参考作用的条目。不要用不相关的条目来堆砌报告。	除非另有要求,每种数据采集工具都应包括一份。
17. 记住留下充足的时间进行修改和重写。	检查你是否以平实的语言进行书写。检查你的书写是否是可辨认的。
18. 尽量让别人读一下你的报告。	不同的视角常常会发现你所忽视的错误。
19. 大声朗读报告。	这通常能显示任何可疑的标点符号和不好的连接。
20. 最后一次核查上面的 22 个问题。你确定自己诚实地回答了每一个问题吗?	对最后的打印稿进行检查。即使专业的打字员也会出错。

补 充 阅 读

Creme, P. and Lea, M.R. (2003) *Writing at University: A Guide for Students*, 2nd edn. Maidenhead: Open University Press. This second edition has coverage of report and thesis writing, electronic writing, learning journals and the Internet. Useful.

Denscombe, M. (2003) *The Good Research Guide*, 2nd edn. Maidenhead: Open University Press. Chapter 15, 'Writing up the research', goes through the procedures involved, including what should be included, style and presentation. A helpful checklist is provided.

Hyatt, D. (2004) 'Writing research', in C. Opie (ed.) *Doing Educational Research: A Guide for First-time Researchers*. London: Sage. In this chapter, Hyatt discusses what is required for student academic writing, academic writing conventions, structuring a research-based assignment and 'Some advice I've been given (or wish I'd been given!)'. A useful chapter.

Laws, S. (2003) *Research for Development: A Practical Guide*. London: Sage. Chapter 21, 'How to write an effective research report', also includes guidance about what must be included in a research report (and what must be left out), and warnings about common pitfalls. Checklists provided.

Maimon, E. and Peritz, J. (2004) *A Writer's Resource: A Handbook for Writing and Research*. Maidenhead: Open University Press. This is an interesting book which addresses many of the problems facing researchers, particularly as they write assignments, research papers, theses – and reviewing and editing what has been written. The only slight problem is that it is written for an American student audience. Good writing is good writing wherever you are, but particularly when it comes to referencing and documentation style, there are certain marked differences between American and UK requirements. Even so, there is enough in this book to make it well worth keeping on hand.

Miles, M.B. and Huberman, A.M. (1994) *Qualitative Data Analysis*, 2nd edn. Thousand Oaks, CA: Sage Publications. Chapter 12, 'Producing reports', provides brief but good advice about structuring a report, under the headings of 'Voices, genres, and stances' (How do we speak to the reader?), 'Style', 'Formats' and 'Structures'.

Murray, R. (2002) *How to Write a Thesis*. Maidenhead: Open University Press. This book is written mainly with Master's and doctoral students in mind, though the advice given can equally be applied to writing up any research. Rowena Murray takes us through the various stages of planning, structure, the writing process, dealing with deadlines and revising. The sections on 'Starting to write' and 'Seeking structure' are particularly useful.

Wolcott, H.F. (2001) *Writing up Qualitative Research*. London: Sage Publications. In Chapter 2, I said that everything Wolcott has written is worth reading and this book in particular is excellent. I still go back to it, particularly if I am stuck and just can't get going. If you can get hold of a copy, read it all! His chapter headings are 'Getting going' ('Writers who indulge themselves by waiting until their thoughts are "clear" run the risk of never starting at all' (p. 22)), 'Keeping going', 'Tightening up' and 'Finishing up'. He advises us to 'think on paper' and that is some of the best advice any researcher can be given. As I also said in Chapter 2, he can be funny – and that helps.

Woods, P. (1999) *Successful Writing for Qualitative Researchers*. London: Routledge.

后　记

　　即使有精心的计划和准备,一个项目仍可能有不按计划进行的时候。例如,你可能发现,说愿意在某天提供信息的人却未能做到,或者结果尚未出来。如果事情的进展出现了问题,那就向你的导师请教,和他讨论最好的行动计划。你可能了解了有关进行调查和你正在研究的课题的很多知识,即使结果可能不是你所希望的。如果你不能按照事先计划好的写出报告,你或许可以提交一份关于你已经可以做的报告,并描述什么地方出错了和为什么会出错;如果合适,说明一下要是你重新开始的话,你会怎样安排和实施调查。重要的事情就是寻求帮助。第一次做研究的聪明人感到他们应该能妥善处理自己的问题,他们不向导师、计算机中心的职员和图书管理员请教,这样做可能会浪费许多时间。在本书的导言中我说过,我们只有实际做研究才能学会怎样做研究。的确是这样的,但是任何第一次做调查的人都需要一些帮助。确保你利用了一切可以利用的东西。

　　最后说一下,愿意接受访谈或填写问卷、日志表或记录的人,同意参加你的观察会的团体和允许你查阅文件的档案保管员都应该得到尊敬和感谢。达芙妮·约翰逊(Daphne Johnson)概括说:

如果文件放得杂乱无章,论文借出来了却没有还回去,或者应答者在不方便的时间接受太长或太频繁的访谈,研究者就不会再受欢迎了。所有的社会研究者在某种程度上都是乞丐,因为他们从被试那儿寻求免费的时间或信息。把这个事实记在心里并且没有成为应答者俘虏的研究者,可以设法使研究经验变为有帮助的和有用的经验,肯定会因为人们慷慨地提供时间和知识而高兴。

(Johnson,1984:11)

参 考 文 献

Aldridge A. and Levine, K. (2001) *Surveying the Social World: Principles and Practice in Survey Research*. Buckingham: Open University Press.
Argyrous, G. (2002) *Statistics for Social and Health Research*. London: Sage.
Baker, S. (1999) 'Finding and searching for information sources', Chapter 5 in J. Bell, *Doing Your Research Project: A Guide for First-time Researchers*, 3rd edn. Buckingham: Open University Press.
Baker, S. and Carty, J. (1994) 'Literature searching: finding, organizing and recording information', in N. Bennett, R. Glatter and R. Levačić (eds) *Improving Educational Management through Research and Consultancy*. London: Paul Chapman Publishing, in association with The Open University.
Bales, R.F. (1950) *Interaction Process Analysis: A Method for the Study of Small Groups*. Cambridge, MA: Addison-Wesley.
Baltes, P.B., Dittmann-Kohli, F. and Dixon, R.A. (1984) 'New perspectives on the development of intelligence in adulthood', in P.B. Baltes and O.G. Brim Jr. (eds) *Life-span Development and Behavior*, 6: 33–76. Orlando, FL: Academic Press.
Barbour, R.S. and Kitzinger, J. (eds) (1999) *Developing Focus Group Research: Politics, Theory and Practice*. London: Sage.
Barzun, J. and Graff, H.F. (1977) *The Modern Researcher*, 3rd edn. New York: Harcourt Brace Jovanovich.
Barzun, J. and Graff, H.F. (1992) *The Modern Researcher*, 5th edn. London: Wadsworth.
Bassey, M. (1981) 'Pedagogic research; on the relative merits of the search

for generalization and study of single events', *Oxford Review of Education*, 7(1): 73–93.
Bassey, M. (1999) *Case Study Research in Educational Settings*. Buckingham: Open University Press.
Bassey M. (2001) 'A solution to the problem of generalisation in educational research: fuzzy prediction', *Oxford Review of Education*, 27(1): 5–22.
Bassey, M. (2002) 'Case study research', Chapter 7 in M. Coleman and A.R.J. Briggs (eds) *Research Methods in Educational Leadership and Management*. London: Paul Chapman Publishing.
Bathmaker, A-M (2004) 'Using NUD-IST', in C. Opie (ed.) *Doing Educational Research: A Guide to First-time Researchers*. London: Sage.
Bell, J. (1996) 'An investigation into barriers to completion of post-graduate research degrees in three universities'. Unpublished report funded through the Leverhulme Emeritus research fund.
Bell, J. (2002) 'Questionnaires', in M. Coleman and A.R.J. Briggs (eds) *Research Methods in Educational Leadership and Management*. London: Paul Chapman Publishing.
Bell, J. and Opie, C. (2002) *Learning from Research: Getting More from your Data*. Buckingham: Open University Press.
Bennett, N., Glatter, R. and Levačić, R. (eds) (1994) *Improving Educational Management through Research and Consultancy*. London: Paul Chapman Publishing, in association with the The Open University.
Best, J.W. (1970) *Research in Education*, 2nd edn. Englewood Cliffs, NJ: Prentice-Hall.
Blaxter, L., Hughes, C. and Tight, M. (2001) *How to Research*, 2nd edn. Buckingham: Open University Press.
Bogdan, R.C. and Biklen, S.K. (1982) *Qualitative Research for Education: An Introduction to Theory and Methods*. Boston, MA: Alleyn & Bacon.
Bowling, A. (2002) *Research Methods in Health: Investigating Health and Health Services*, 2nd edn. Maidenhead: Open University Press.
Brewer, J.D. (2000) *Ethnography*. Buckingham: Open University Press.
Brown, S. and McIntyre, D. (1981) 'An action-research approach to innovation in centralised educational systems', *European Journal of Science Education*, 3(3): 243–58.
Bryman, A. and Cramer, D. (1994) *Quantitative Data Analysis for Social Scientists* (revised edition). London: Routledge.
Burgess, R.G. (ed.) (1982) *Field Research: A Sourcebook and Field Manual*. London: George Allen and Unwin.
Burgess, R.G. (1994) 'On diaries and diary keeping', in N. Bennett, R. Glatter, and R. Levačić (eds) *Improving Educational Management through Research and Consultancy*. London: Paul Chapman Publishing, in association with The Open University.

Burgess, R.G. and Morrison, M. (1993) 'Teaching and learning about food and nutrition in school', in *The Nation's Diet Programme: The Social Science of Food Choice*. Report to the ESRC.

Busher, H. (2002) 'Ethics of Research in Education', Chapter 5 in M. Coleman and A.R.J. Briggs (eds) *Research Methods in Educational Leadership and Management*. London: Paul Chapman Publishing.

The Caldicott Committee (1997) Report on the review of patient-identifiable information. London: Department of Health.

Casey, K. (1993) 'The new narrative research in education', *Review of Research in Education*, 21: 211–53.

Chan, T. (2000) 'Student evaluation of teaching effectiveness'. Unpublished PhD thesis, University of Nottingham.

Clough, P. (2002) *Narratives and Fictions in Educational Research*. Maidenhead: Open University Press.

Cohen, L. (1976) *Educational Research in Classrooms and Schools: A Manual of Materials and Methods*, 4th edn. London: Routledge.

Cohen, L. and Manion, L. (1994) *Research Methods in Education*, 4th edn. London: Routledge.

Cohen, L., Manion, L. and Morrison, K. (2000) *Research Methods in Education*, 5th edn. London and New York: Routledge Falmer.

Coleman, M. and Briggs, A.R.J. (eds) (2002) *Research Methods in Educational Leadership and Management*. London: Paul Chapman Publishing.

Cramer, D. (2003) *Advanced Quantitative Data Analysis*. Buckingham: Open University Press.

Cramer, D. and Howitt, D.L. (2004) *The Sage Dictionary of Statistics*. London: Sage Publications.

Creme, P. and Lea, M.R. (2003) *Writing at University*, 2nd edn. Maidenhead: Open University Press.

Croner (2002) *The Head's Legal Guide*. Kingston: Croner Publications.

Cross, K.P. (1981) *Adults as Learners: Increasing Participation and Facilitating Learning*. San Francisco, CA: Jossey Bass.

Cryer, P. (2000) *The Research Student's Guide to Success*, 2nd edn. Maidenhead: Open University Press.

Darlington, Y. and Scott, D. (2002) *Qualitative Research in Practice: Stories from the Field*. Maidenhead: Open University Press.

The Data Protection Registrar (1998) *The Data Protection Act 1998: An Introduction*. Wilmslow, Cheshire: The Data Protection Registrar.

Delamont, S., Atkinson, P. and Parry O. (2004) *Supervising the Doctorate: A Guide to Success*. Maidenhead: Open University Press.

Denscombe, M. (1998) *The Good Research Guide for Small-scale Social Research Projects*. Buckingham: Open University Press.

Denscombe, M. (2002) *Ground Rules for Good Research: A 10 Point Guide for Social Researchers.* Buckingham: Open University Press.

Denscombe, M. (2003) *The Good Research Guide for Small-scale Social Research Projects,* 2nd edn. Maidenhead: Open University Press.

Drew, C.J. (1980) *Introduction to Designing and Conducting Research,* 2nd edn. Missouri, CB: Mosby Company.

Duffy, B. (1998) 'Late nineteenth-century popular educational conservatism: the work of coalminers on the school boards of the North-East', *History of Education,* 27(1): 29–38.

Eggleston, J. (1979) 'The characteristics of educational research: mapping the domain', *British Educational Research Journal,* 5(1): 1–12.

Elton, G.R. (2002) *The Practice of History,* 2nd edn. Oxford: Blackwell.

Evans, R.J. (2000) *In Defence of History,* 2nd edn. London: Granta Books.

Fan, G. (1998) 'An exploratory study of final year diploma in nursing students' perceptions of their nursing education'. Unpublished MEd dissertation, University of Sheffield.

Flanders, N.A. (1970) *Analysing Teaching Behaviour.* Cambridge, MA: Addison-Wesley.

Fogelman, K. (2002) 'Surveys and sampling', Chapter 6 in M. Coleman, and A.R.J. Briggs (eds) *Research Methods in Educational Leadership and Management.* London: Paul Chapman Publishing.

Gash, S. (1989) *Effective Literature Searching for Students.* Aldershot: Gower.

Glaser, B.G. (1992) *Basics of Grounded Theory Analysis.* Mill Valley, CA: Sociology Press.

Glaser, B.G. and Strauss, A.L. (1965) *Awareness of Dying.* Chicago: Aldine.

Glaser, B.G. and Strauss, A.L. (1967) *The Discovery of Grounded Theory: Strategies for Qualitative Research.* New York: Aldine.

Glaser, B.G. and Strauss, A.L. (1968) *Time for Dying.* Chicago: Aldine.

Goodson, I.F. and Sikes, P. (2001) *Life History Research in Educational Settings: Learning from Life.* Buckingham: Open University Press.

Gray, J. (1998) 'Narrative Inquiry'. Unpublished paper, Edith Cowan University, Western Australia.

Gray, J. (2000) 'The framing of truancy: a study of non attendance as a form of social exclusion within Western Australia'. Unpublished doctoral thesis, Edith Cowan University, Western Australia.

Gudmunsdottir, S. (1996) 'The teller, the tale, and the one being told: the narrative nature of the research interview', *Curriculum Inquiry,* 26(3): 293–306.

Guttman, L. (1950) 'The basis for scalogram analysis' in S.A. Stouffer (ed.) *Measurement and Prediction.* Princeton, NJ: Princeton University Press.

Hakim, C. (2000) *Research Design*, 2nd edn. London: Routledge.
Hammersley, M. (1989) *The Dilemma of Qualitative Method*. London: Routledge.
Hammersley M. (1990) *Classroom Ethnography: Empirical and Methodological Essays*. Buckingham: Open University Press.
Hardy, M.A. and Bryman, A. (eds) (2004) *Handbook of Data Analysis*. London: Sage Publications.
Hart, C. (1998) *Doing a Literature Review: Releasing the Social Science Research Imagination*. London: Sage in association with The Open University.
Hart, E. and Bond, M. (1995) *Action Research for Health and Social Care*. Buckingham: Open University Press.
Hayes, E. and Bond, M. (1995) *Action Research for Health and Social Care: A Guide to Practice*. Buckingham: Open University Press.
Hayes, N. (2000) *Doing Psychological Research: Gathering and Analysing Data*. Buckingham: Open University Press.
Haywood, P. and Wragg, E.D. (1982) *Evaluating the Literature*. Rediguide 2, University of Nottingham School of Education.
Horne, K. (2004) 'Top ten guide to searching the Internet'. Personal communication.
Howard, K. and Sharp, J.A. (1983) *The Management of a Student Research Project*. Aldershot: Gower.
Hyatt, D. (2004) 'Writing research', in C. Opie *Doing Educational Research: A Guide to First-time Researchers*. London: Sage.
Hyland, M.E. (1996) 'Diary assessments of quality of life', *Quality of Life Newsletter*, **16**: 8–9.
Hyland, M.E. and Crocker, G.R. (1995) 'Validation of an asthma quality of life diary in a clinical trial', *Thorax*, 50: 724–30.
Johnson, D. (1984) 'Planning small-scale research', in J. Bell, T. Bush and A. Fox et al. *Conducting Small-scale Investigations in Educational Management*. London: Harper and Row.
Johnson, D. (1994) 'Planning small-scale research', in N. Bennett, R. Glatter and R. Levačić (eds) *Improving Educational Management through Research and Consultancy*. London: Paul Chapman.
Keats, D. (2000) *Interviewing: A Practical Guide for Students and Professionals*. Maidenhead: Open University Press.
Kitzinger, J. and Barbour, R.S. (1999) 'Introduction to the challenge and promise of focus groups', in R.S. Barbour and J. Kitzinger (eds) *Developing Focus Group Research: Politics, Theory and Practice*. London: Sage.
Klatzky, R.L. (1988) 'Theories of information processing and theories of aging', in L.L. Light and D.J. Burke (eds) *Language, Memory and Aging*. Cambridge: Cambridge University Press.

Korman, N. and Glennester, H. (1990) *Hospital Closure: A Political and Economic Study*. Buckingham: Open University Press.

Krippendorf, K. (1980) *Content Analysis*. London: Sage.

Lacey, C. (1976) 'Problems of sociological fieldwork: a review of the methodology of "Hightown Grammar"', in M. Shipman (ed.) *The Organisation and Impact of Social Research*. London: Routledge & Kegan Paul.

Langeveld, M.J. (1965) 'In search of research', *Paedagogica Europoea: The European Year Book of Educational Research* 1. Amsterdam: Elsevier.

Laws, S. with Harper, C. and Marcus, R. (2003) *Research for Development*. London: Sage Publications.

Lehmann, I.J. and Mehrens W.A. (1971) *Educational Research*. New York: Holt, Rinehart and Winston.

Likert, R. (1932) *A Technique for the Measurement of Attitudes*. New York: Columbia University Press.

Lim, C.P. (1997) 'The effect of computer-based learning (CBL) in support classes on low-performance economics students'. Unpublished MEd dissertation, University of Sheffield.

Lomax, P. (2002) 'Action research', Chapter 8 in M. Coleman, M. and A.R.J. Briggs (eds) *Research Methods in Educational Leadership and Management*. London: Paul Chapman Publishing.

Lutz, F.W. (1986) 'Ethnography: The holistic approach to understanding schooling', Chapter 3.1 in M. Hammersley *Controversies in Classroom Research*. Milton Keynes: Open University Press.

Maimon, E. and Peritz, J. (2004) *A Writer's Resource: A Handbook for Writing and Research*. Maidenhead: Open University Press.

Marples, D.L. (1967) 'Studies of managers: a fresh start', *Journal of Management Studies*, 4: 282–99.

Marwick, A. (2001) *The New Nature of History*, 5th edn. Basingstoke: Palgrave.

May, T. (2001) *Social Research: Issues, Methods and Process*, 3rd edn. Buckingham: Open University Press.

McCulloch G. and Richardson W. (2000) *Historical Research in Educational Settings*. Buckingham: Open University Press.

Medawar, P.B. (1972) *The Hope of Progress*. London: Methuen.

Miles, M.B. and Huberman, A.M. (1994) *Qualitative Data Analysis*, 2nd edn. Thousand Oaks, CA: Sage.

Morrison, M. (2002) 'Using diaries in research', in M. Coleman, and A.R.J. Briggs (eds) *Research Methods in Educational Leadership and Management*. London: Paul Chapman Publishing.

Morrison, M. and Burgess, R.G. (1993) 'Chapatis and chips: encountering food use in primary school settings'. Paper prepared for an International Conference on Children's Food and Drink: Today's Market and Tomorrow's Opportunities, at Chipping Campden Food and Drink Association, Chipping Campden, Gloucester, on 10 November 1993.

Morrison, M. and Galloway, S. (1993) 'Using diaries to explore supply teachers' lives', in J. Busfield and E.S. Lyons (eds) *Methodological Imaginations*. London: Macmillan, in Association with the British Sociological Association.

Moser, C.A. and Kalton, G. (1971) *Survey Methods in Social Investigation*, 2nd edn. London: Heinemann.

Moyles, J. (2002) 'Observation as a research tool', in M. Coleman and A.R.J. Briggs (eds) *Research Methods in Educational Leadership and Management*. London: Paul Chapman Publishing.

Murray, R. (2002) *How to Write a Thesis*. Maidenhead: Open University Press.

Nai, C. (1996) 'Stretching the aged workforce: a study of the barriers to continuous learning among mature workers'. Unpublished dissertation submitted in part requirement for the degree of Master of Education (Training and Development) at the University of Sheffield.

Nisbet, J.D. (1977) 'Small-scale research: guidelines and suggestions for development', *Scottish Educational Studies*, 9 (May): 13–17.

Nisbet, J.D. and Entwistle, N.J. (1970) *Educational Research Methods*. London: University of London Press.

Nisbet, J.D. and Ross, L. (1980) *Human Inference: Strategies and Shortcomings of Social Judgment*. Englewood Cliffs, NJ: Prentice-Hall.

Nisbet, J.D. and Watt, J. (1980) *Case Study*. Rediguide 26, University of Nottingham School of Education.

Nyberg, L., Backman, L., Erngrund, K. et al. (1996) 'Age differences in episodic memory, semantic memory, and priming: relationships to demographic, intellectual and biological factors', *Journal of Gerontology: Psychological Science*, 51B: 234–40.

OFSTED (2003) *Handbook for Inspecting Secondary Schools*. HMI 1360. London: OFSTED.

Oliver, P. (2003) *The Student's Guide to Research Ethics*. Maidenhead: The Open University Press.

Opie, C. (ed.) (2004) *Doing Educational Research: A Guide for First-time Researchers*. London: Sage.

Oppenheim, A.N. (1992) *Questionnaire Design, Interviewing and Attitude Measurement*, New Edition. London: Cassell.

Orna, E. with Stevens, G. (1995) *Managing Information for Research*. Buckingham: Open University Press.

Oxtoby, R. (1979) 'Problems facing heads of department', *Journal of Further and Higher Education*, 3(1): 46–59.

Pallant, J. (2004) *SPSS Survival Manual. A Step by Step Guide to Data Analysis Using SPSS for Windows*, 2nd edn. Maidenhead: Open University Press.

Pears, R. and Shields, G. (1994) *Cite them Right: Referencing Made Easy*. Newcastle upon Tyne: Northumbria University Press.

Phillips, E.M. and Pugh, D.S. (2000) *How to get a Doctorate: A Handbook for Students and their Supervisors*, 3rd edn. Buckingham: Open University Press. (Updated and revised in 2004 as *Supervising the Doctorate: A Guide for Success*.)

Polit, D. F. and Hungler, B. P. (1995) *Nursing Research: Principles and Methods*, 5th edn. Philadelphia: J. B. Lippincott Company.

Pomerantz, M. (2004) 'Using ATLAS.ti', in C. Opie, ed. *Doing Educational Research: A Guide for First Time Researchers*. London: Sage.

Punch, K.F. (1998) *Introduction to Social Research: Quantitative and Qualitative Approaches*. London: Sage Publications.

Punch, K.F. (2003) *Survey Research: The Basics*. London: Sage.

Reason, P. and Bradbury, H. (eds) (2001) *Handbook of Action Research: Participative Inquiry and Practice*. London: Sage Publications.

Richardson, J.T.E. and King, E. (1998) 'Adult students in higher education: burden or boon?' *Journal of Higher Education*, 69: 65–88.

Richardson, J.T.E. and Woodley, A. (2003) 'Another look at the role of age, gender and subject as predictors of academic attainment in higher education', *Studies in Higher Education*, 28(4): October.

Roberts, B. (2002) *Biographical Research*. Maidenhead: Open University Press.

Roget, P.M. (2000) *Roget's Thesaurus of English Words and Phrases*. First published in 1982 by P.M. Roget. 2000 edition revised by Betty Kirkpatrick. London: Penguin Books.

Rose, D. and Sullivan, O. (1996) *Introducing Data Analysis for Social Scientists*, 2nd edn. Buckingham: Open University Press.

Rumsey, S. (2004) *How to Find Information: A Guide for Researchers*. Maidenhead: Open University Press.

Sapsford, R.J. and Abbott, (1996) 'Ethics, politics and research', in R. Sapsford and V. Jupp *Data Collection and Analysis*. London: Sage.

Sapsford, R. and Jupp, V. (1996) *Data Collection and Analysis*. London: Sage.

Scaife, J. (2004) 'Reliability, validity and credibility', Chapter 4 in C. Opie (ed.) *Doing Educational Research: A Guide to First-time Researchers*. London: Sage.

Schaie, K.W. (1996) *Intellectual Development in Adulthood: The Seattle Longitudinal Study*. Cambridge: Cambridge University Press.

Selltiz, D., Jahoda, M., Deutsch, M. and Cook, S.W. (1962) *Research Methods in Social Relations*, 2nd edn. New York: Holt, Rinehart & Winston.

Spradley, J.P. (1980) *Participant Observation*. New York: Holt, Rinehart and Winston.
Stanford, M. (1994) *A Companion to the Study of History*. Oxford: Blackwell.
Strauss, A.L. (1987) *Qualitative Analysis for Social Scientists*. Cambridge: Cambridge University Press.
Sutherland, V. and Cooper, C.L. (2003) *De-stressing Doctors: A Self-management Guide*. London: Elsevier Science Ltd (Butterworth Heinemann).
Talbot, C. (2003) *Studying at a Distance: A Guide for Students*. Maidenhead: Open University Press.
Thody, A. with Downes, P., Hewlett, M. and Tomlinson, H. (1997) 'Lies, damned lies – and storytelling: an exploration of the contribution of principals' anecdotes to research, teaching and learning about the management of schools and colleges', *Educational Management and Administration*, 25(3): 325–38.
Thurstone, L.L. and Chave, E.J. (1929) *The Measurement of Attitudes*. Chicago: University of Chicago Press.
Times Educational Supplement (2003) News article. 5 September.
Tosh, J. (2002) *The Pursuit of History*, 3rd edn. Harlow: Longman.
University of Manchester (1997) 'Plagiarism' (mimeo).
Verhaeghen, P. and Salthouse, T.A. (1997) 'Meta-analyses of age-cognition relations in adulthood: estimates of linear and nonlinear age effects and structural models', *Psychological Bulletin*, 122: 231–49.
Verma, G.K. and Beard, R.M. (1981) *What Is Educational Research? Perspectives on Techniques of Research*. Aldershot: Gower.
Weber, R.P. (1990) *Basic Content Analysis*, 2nd edn. Newbury Park, CA: Sage.
Wellington, J.J. (1996) *Methods and Issues in Educational Research*. University of Sheffield Division of Education: USDE Papers in Education.
Whitehead, N. (2003) 'Herbal remedies: integration into conventional medicine', *Nursing Times*, 99(34): 30–3.
Williams, G.L. (1994) 'Observing and recording meetings', Chapter 22 in N. Bennett, R. Glatter and R. Levačić (eds) *Improving Educational Management through Research and Consultancy*. London: Paul Chapman Publishing, in association with the Open University.
Wilson, N.J. (1979) 'The ethnographic style of research', in Block 1 (Variety in Social Science Research), Part 1 (Styles of Research) of Open University course DE304, *Research Methods in Education and the Social Sciences*.
Wiseman, J.P. and Aron, M.S. (1972) *Field Reports in Sociology*. London: Transworld Publishers.

Wolcott, H.F. (1990) *Writing up Qualitative Research*. London: Sage Publications.
Wolcott, H.F. (1992) 'Posturing in qualitative inquiry', in M.D. LeCompte, W.L. Millroy, and J. Preissle (eds) *The Handbook of Qualitative Research in Education*. New York: Academic Press.
Wolcott, H.F. (2001) *Writing up Qualitative Research*, 2nd edn. London: Sage Publications.
Woodley, A. (1981) 'Age bias', in D. Warren Piper (ed.) *Is Higher Education Fair?* Guildford: Society for Research into Higher Education.
Woodley, A. (1984) 'The older the better? A study of mature student performance in British universities', *Research in Education*, 32: 35–50.
Woodley, A. (1985) 'Taking account of mature students', in D. Jacques and J. Richardson (eds) *The Future of Higher Education*. Guildford: SRHE and NFER-Nelson.
Woodley, A. (1998) Review of McGivney (1996a) *'Staying or Leaving the Course: Non-completion and Retention of Mature Students in Further and Higher Education'*. Leicester: National Institute of Adult Continuing Education.
Woodley, A. and McIntosh, N. (1980) *The Door Stood Open: An Evaluation of the Open University Younger Students' Pilot Scheme*. Barcombe: Falmer Press.
Woods, P. (1999) *Successful Writing for Qualitative Researchers*. London: Routledge.
Wragg, E.C. (1980) *Conducting and Analysing Interviews*. Rediguide 11. University of Nottingham School of Education.
Wragg, E.C. (2002) 'Interviewing', in M. Coleman and A.R.J. Briggs (eds) *Research Methods in Educational Leadership and Management*. London: Paul Chapman Publishing.
Yin, R.K. (1994) 'Designing single- and multiple-case studies', Chapter 10 in N. Bennett, R. Glatter, and R. Levačić (eds) *Educational Management Through Research and Consultancy*. London: Paul Chapman Publishing, in association with The Open University.
Youngman, M.B. (1982) *Designing and Analysing Questionnaires*. Rediguide 12. Nottingham. University of Nottingham School of Education
Youngman, M.B. (1994) 'Designing and analysing interviews', Chapter 17 in N. Bennett, R. Glatter and R. Levačić (eds) *Improving Educational Management Through Research and Consultancy*. London: Paul Chapman Publishing, in association with The Open University.
Zimmerman, D.H. and Wieder, D.L. (1977) 'The diary-interview method', *Urban Life*, 5(4): 479–99.

英汉译名对照

abstracts 摘要
Academic libraries' conditions of use throughout the UK
英国学术图书馆使用条件
action research 行动研究
Aldridge, A. and Levine, K.
奥尔德雷奇和里文
ambiguity 含糊不清
anonymity 匿名
Argyrous 阿吉劳斯(2002)
assumptions 假定
asthma treatment diary
哮喘治疗日志
authorization codes 许可编码
averages 平均数
Baker 贝克
Baker and Carty 贝克和卡第
Bales 贝尔斯
Baltes 巴尔茨

bar chart 条形图
Barbour and Kitzinger
巴伯和基钦格
Barzun and Graff 巴曾和格拉夫
Bassey 贝西
Bathmaker 巴思梅克
Bell 贝尔
Bell and Opie 贝尔和奥佩
Bennett, Glatter and Levacic
贝纳特、格拉特和利瓦西克
Best 贝斯特
bias, 偏见
　dangers of 危险
　definition of 定义
bins 文件
Blaxter, Hughes and Tight
布拉克斯特、休斯和泰特
Bluebottle 布卢波特尔
Bogdan and Biklen
波格丹和比克兰

Boolean operators
　　布尔逻辑运算符号
Bowling　　鲍林
Brewer　　布鲁尔
BLPC(British Library Online Public Access Catalogue)
　　英国图书馆在线公共入口目录
British Psychological Society
　　英国心理学会
Brown and McIntyre
　　布朗和麦金太尔
Bryman and Cramer
　　布里曼和克拉默
Burgess　　伯吉斯
Burgess and Morrison
　　伯吉斯和莫里森
Busher　　布什尔
Caldicott Report　　考迪科特报告
card index　　卡片索引
case study　　个案研究
critics of　　评论
Casey　　凯西
categories　　类别
category question　　类别问题
causality　　因果关系
census　　人口普查
Chan　　钱
citations　　引用
Cite Them Right　　正确引用
Clough　　克拉夫
codes　　法规
　　ethical　　道德
　　of ethical practice　　道德实践
coding　　编码
Cohen　　科恩

Cohen and Manion
　　科恩和马尼恩
Cohen, Manion and Morrison
　　科恩、马尼恩和莫里森
Coleman and Briggs
　　科尔曼和布里格斯
conceptual framework
　　概念框架
confidentiality　　保密
　　definition of　　定义
content analysis　　内容分析
COPAC(Consortium of University Research Libraries Online Public Access Catalogue)
　　大学研究协会图书馆在线公共入口目录
copyright　　版权
correlation　　相互关系
correlation coefficient　　相关系数
correlation and causation
　　相关性和因果关系
Cramer　　克拉默
Cramer and Howitt
　　克拉默和豪伊特
Crème and Lea　　克里默和利
critical incidents　　重要事件
criticism　　评论
　　external　　外部
　　internal　　内部
Croner　　克龙尔
Cross　　克罗斯
Cryer　　克赖尔
Darlington and Scott
　　达林顿和斯科特
database　　数据库

Data Protection Act
　《数据保护法案》
Delamont, Atkinson, Parry
　德拉蒙特、阿特金森和帕里
Denscombe, M.　登斯库姆
DFES (Department for Education and Science)　科学教育部
Department of Health Research and Development　健康研究与发展部
Department of Health statistics
　健康统计部
diaries　日志
　diary interview method
　　日志访谈法
　ethics of　道德
　personal research　个人研究
　variations in use and design
　　使用和设计的多样化
document/s　文本
　approaches to　方法
　definition of　定义
　critical analysis of
　　批判性分析
Drew　德鲁
Duffy　达菲
Eggleston　埃格尔斯顿
electronic　电子
　referencing　参考文献
　sources of information
　　信息来源
Elton　埃尔顿
EndNote　尾注
enlightenment　启发
ERIC (Educational Resources Information Center)　教育信息资源中心
ethics/ethical committees　道德委员会
electronic resources for
　电子资源
　guidelines　纲要
ethnography　人种志
Evans　埃文斯
evidence　证据
　biased　偏见的
　critical examination of
　　批判性检查
　deliberate and inadvertent
　　慎重和疏忽
　primary and secondary
　　主要和次要
　witting and unwitting
　　有意和无意
experimental style/research
　实验型研究
Fan　范
Flanders　弗兰德斯
focus groups　聚焦群体
Fogelman　福格尔曼
frameworks　框架
　conceptual and theoretical
　　概念和理论
Gash　加什
gatekeeping　守门
General Practioners' time log
　全科医生时间记录
generalization　总结
　fuzzy　模糊
　statistical　统计

Glaser 格拉泽
Glaser and Strauss 格拉泽和施
  特劳斯
Goodson and Sikes
  古德森和赛克斯
Google 谷歌
Google Scholar 谷歌学术网
Gray 格雷
Gray
grids 网格
grounded theory 扎根理论
Gutmunsdottir 格特蒙斯多特
Guttman 格特曼
Hakim 哈基姆
Hammersley 哈默斯利
Hammersley 哈默斯利
Hardy and Bryman 哈迪和布里曼
Hart 哈特
Hart and Bond
  哈特和邦德
Harvard method of referencing
  哈佛注释方法
Hayes 海斯
Haywood and Wragg
  海伍德和雷格
health 健康
  electronic resources for
    电子资源
  Education Research 教育研究
Hightown Grammar
  高镇文法学校
histogram 直方图
Horne 霍恩
Howard and Sharp 霍华德和夏普
Hyatt 海厄特
Hyland 海兰
Hyland and Crocker
  海兰和克罗克
hypotheses 假设
  definition of 定义
Johnson 约翰逊
Keats 基茨
keywords 关键词
Kitzinger and Barbour
  基钦格和巴伯
Klatzky 克拉茨基
Korman and Glennester
  科曼和格伦内斯特
Krippendorff
  克里彭多夫
Lacey 莱西
Langeveld 朗维尔德
Laws, Harper and Marcus
  劳斯、哈珀和马库斯
Lehmann and Mehrens
  莱曼和梅伦斯
library/libraries 图书馆
Likert 利科特
Likert scales 利科特量表
Lim 利姆
literature 文献
  review of 综述
  searching 检索
logs 记录
Lomax 洛马克斯
Lutz 卢茨
McCulloch and Richardson
  麦卡洛克和里查森
Maimon and Peritz
  梅蒙和佩里茨

Marples　　马普尔斯
Marwick　　马威克
May　　梅
mean　　平均数
measures of central tendency
　　集中趋势测量
measures of spread or dispersion
　　差额或离散度测量
Medawar　　梅达沃
median　　中值
Midwives' Action Research Group
　（MARG）　助产士行动研究
　小组
Miles and Huberman
　　迈尔斯和休伯曼
mode　　模式
Morrison　　莫里森
Morrison and Burgess
　　莫里森和伯吉斯
Morrison and Galloway
　　莫里森和加洛韦
Moser and Kalton
　　莫泽和卡尔顿
Moyles　　莫伊尔斯
Murray　　默雷
Nai　　奈
narrative inquiry　　叙述性调查
Nisbet　　尼斯比特
Nisbet and Entwistle
　　尼斯比特和恩特威斯尔
Nisbet and Ross
　　尼斯比特和罗斯
Nisbet and Watt
　　尼斯比特和瓦特
nominal scales　　记名测量

note taking　　做笔记
Nyberg　　奈伯格
observation　　观察
　　content　　内容
　　participant　　参与
　　schedules　　计划
　　structured　　正式
　　unstructured　　非正式
OFSTED (Office for Standard in
　Education)
　　教育标准办公室
Oliver　　奥利弗
OPAC (On-line public access cata-
　logue)　　在线公共入口目录
operationalization　　实施
Opie　　奥佩
Oppenheim　　奥本海姆
ordinal scales　　顺序量表
Orna with Stevens
　　奥纳和史蒂文斯
Oxtoby　　奥克斯托比
Pallant　　帕兰特
password/s　　密码
Pears and Shields
　　皮尔斯和希尔德
Phillips and Pugh
　　菲利普斯和皮尤
piloting/pilot studies　　试测研究
plagiarism　　剽窃
Polit and Hungler
　　波利特和亨格勒
Pomerantz　　波梅兰兹
practioner researcher
　　专业研究者
Primary pupils' food diary

小学生食物日志
problem portfolios 问题包
protocols 草案
Punch 潘趣
question/s 问题
  researchable 可研究
  wording of 措辞
question type 问题类型
questionnaires 问卷
  analysis of 分析
  appearance and layout of
    外观与布局
  covering letter 附信
  non-response to 无应答
  distribution 分配
  piloting of 试测
  postal 邮寄
range 范围
ranking 排序
Reason and Bradbury
  里森和布拉德伯里
record keeping 保存记录
references/referencing
  参考文献
  materials from the Internet
    来自网上的资料
  storing electronically
    电子保存
REGARD(Economic and Social Research Council database)
  经济与社会研究委员会数据库
reject files 否决文件
relatability 相关性
reliability 可靠性
research 研究

committees 委员会
contracts 协议
ethics 道德
insider 内部
qualitative 定性
quantitative 定量
Richardson and King 理查森和金
Richardson and Woodley
  理查森和沃德雷
Roberts 罗伯茨
Roget's Thesaurus
  罗热分类词典
Rose and Sullivan
  罗斯和沙利文
Royal College of Nursing
  皇家护理学院
Rumsey 拉姆齐
samples/sampling 抽样
  theoretical 理论
Sapsford and Abbott
  萨普斯福特和阿博特
Sapsford and Jupp
  萨普斯福特和贾普
scales 量表
Scaife 斯凯夫
scattergram/scattergraph
  散点图
Schaie 沙伊
search engine 搜索引擎
search 检索
  limiters 限制
  strategy 策略
  tools 工具
Selltiz, Jahoda and Deutsch
  塞尔梯兹、杰霍达和多伊奇

SOSIG (Social Science Information Gateway) 社会科学信息网关
Social Sciences Citation Index 社会科学引用索引
sources 出处
  biased 偏见
  deliberate and inadvertent 慎重和疏忽
  primary and secondary 主要和次要
  witting and unwitting 有意和无意
spam 兜售信息
Spradley 斯普拉德利
standard deviation 标准偏差
Stanford 斯坦福
Stationary Office 英国文书局
Statistical database on education and literacy worldwide 世界范围教育及文献统计数据库
SPSS (Statistical Package for the Social Sciences) 社会科学统计程序包
stories 故事
Strauss 施特劳斯
supervision 指导
  change of supervisor 换导师
  codes of practice for 实践法规
  keeping records for supervisory tutorials 为导师保存记录
  student-supervisor relationships 师生关系
Supply teachers' diary and time log 代课教师日志及时间记录
survey 研究
  definition of 定义
Sutherland and Cooper 萨瑟兰和库珀
Talbort 塔尔博特
theory 理论
  grounded 扎根
  theory first and theory after 理论居前与理论居后
  theoretical frameworks 理论框架
  theoretical sampling 理论取样
  theoretical saturation 理论饱和
  theoretical structure 理论结构
Thody 索迪
Thurstone and Chave 瑟斯顿和蔡夫
time/timing 时间
time log/grid 时间记录/网格
Times Education Supplement 《时代教育增刊》
Top Ten Guide to Searching the Internet 网络检索的十条指南
Tosh 托什
triangulation 三角测量
UK Official Statistical Publications 英国官方统计出版物
University of Manchester 曼彻斯特大学
user names 用户名
validity 效度

variables 变量	Wilson 威尔逊
definition of 定义	Wiseman and Aron
Verhaeghen & Salthouse	怀斯曼和阿荣
维哈根和索尔特豪斯	Wolcott 沃尔科特
Verma and Beard	Woodley 沃德雷
弗玛和比尔德	Woodley and McIntosh
Waters, Stephen	沃德雷和麦金托什
斯蒂芬·沃特斯	Woods 伍兹
Web of Knowledge 网络知识	Wragg 雷格
Weber 韦伯	Yahoo 雅虎
Wellington 韦林顿	Yin 尹
Whitaker's Books in Print	Youngman 扬曼
惠特克的书印刷版	Zimmerman and Weider
Whitehead 怀特黑德	齐默曼和威德
Williams 威廉姆斯	

北京大学出版社教育出版中心
部分重点图书

一、21世纪高校教师职业发展读本
　　如何成为卓越的大学教师
　　给大学新教员的建议
　　如何提高学生学习质量
　　学术界的生存智慧
　　给研究生导师的建议

二、大学之道丛书
　　后现代大学来临？
　　知识社会中的大学
　　哈佛规则：捍卫大学之魂
　　美国大学之魂
　　大学理念重审：与纽曼对话
　　一流大学卓越校长：麻省理工学院与研究型大学的作用
　　学术部落及其领地：当代学术界生态揭秘（第二版）
　　大学校长遴选：理念与实务
　　转变中的大学：传统、议题与前景
　　什么是世界一流大学？
　　德国古典大学观及其对中国大学的影响
　　学术资本主义：政治、政策和创业型大学
　　高等教育公司：营利性大学的兴起
　　美国公立大学的未来
　　大学如何应对市场化压力
　　21世纪的大学
　　我的科大十年（增订版）
　　东西象牙塔
　　大学的逻辑（增订版）

三、大学之忧丛书
　　高等教育市场化的底线
　　大学之用（第五版）
　　废墟中的大学

四、管理之道丛书
　　世界一流大学的管理之道
　　美国大学的治理
　　成功大学的管理之道

五、学术规范与研究方法丛书
　　科技论文写作快速入门

给研究生的学术建议
如何撰写与发表社会科学论文：国际刊物指南
学术道德学生读本
做好社会研究的 10 个关键
阅读、写作与推理：学生指导手册
如何为学术刊物撰稿：写作技能与规范（英文影印版）
如何撰写和发表科技论文（英文影印版）
社会科学研究的基本规则
如何查找文献
如何写好科研项目申请书

六、北京大学研究生学术规范与创新能力建设丛书
学位论文写作与学术规范
传播学定性研究方法
法律实证研究方法
高等教育研究：进展与方法
教育研究方法：实用指南（第五版）
社会研究：问题、方法与过程（第三版）

七、古典教育与通识教育丛书
苏格拉底之道
哈佛通识教育红皮书
全球化时代的大学通识教育
美国大学的通识教育：美国心灵的攀登

八、高等教育与全球化丛书
高等教育变革的国际趋势
高等教育全球化：理论与政策
发展中国家的高等教育：环境变迁与大学的回应

九、北大开放教育文丛
教育究竟是什么？100 位思想家论教育
教育：让人成为人——西方大思想家论人文与科学

十、其他好书
科研道德：倡导负责行为
透视美国教育：21 位旅美留美博士的体验与思考
大学情感教育读本
大学与学术
大学何为
国立西南联合大学校史（修订版）
建设应用型大学之路
中国大学教育发展史